Berufsstart für Hochschulabsolventen

Dr. Wolfgang Reichel

Berufsstart für Hochschulabsolventen

Erfolgsstrategien für Bewerbung und Vorstellung

FALKEN

Zum gleichen Themenbereich sind im FALKEN Verlag bereits erschienen:
Wolfgang Reichel, Bewerbungsstrategien (1027)
Anthony Lee u. a., Bewerben in Europa (1386)
Henning Hustedt/Reinhard Hilke, Einstellungstests (1263)
Holger Beitz/Andrea Loch, Assessment Center (1385)
Renate Ibelgaufts, Das überzeugende Vorstellungsgespräch (1261)
Claus Harmsen, Kursbuch Bewerbung (4824)

Dieses Buch wurde auf chlorfrei gebleichtem und säurefreiem Papier gedruckt.

Der Text dieses Buches entspricht den Regeln der neuen deutschen Rechtschreibung.

ISBN 3 8068 1482 1

Titelfoto: MAURITIUS Superstock, Mittenwald
Layout: Horst Bachmann
Nachauflagenredaktion: Dr. Petra Begemann
Herstellung: Michaela Krekel

Satz: Raasch & Partner GmbH, Neu-Isenburg
Druck: Franz Spiegel Buch GmbH, Ulm

817 2635 44

Inhaltsverzeichnis

Vorbereitung der Bewerbung

Hochschulabsolventen finden zur Zeit einen ungünstigen Arbeitsmarkt vor. Für sie wird es zunehmend schwieriger einen geeigneten Arbeitsplatz zu finden.

Was für den Bewerbungserfolg wichtig ist

Überzeugende Präsentation

Die Ansprüche an die Bewerbungsunterlagen sind heute hoch, denn vor allem die bekannten Unternehmen werden von Berufseinsteigern mit Bewerbungen überschüttet. Um in dieser Situation aus der Masse hervorzutreten kommt es besonders darauf an die eigenen Fähigkeiten gut zu verkaufen und mit der Bewerbung auf sich aufmerksam zu machen. Es muss Ihnen gelingen sich überzeugend zu präsentieren und Ihre Eignung für die angestrebte Stelle in der Bewerbung und im Vorstellungsgespräch deutlich herauszustellen. Leider zeigt die Erfahrung, dass viele Berufseinsteiger damit erhebliche Schwierigkeiten haben. Personalchefs beklagen sich immer wieder über teils gravierende Mängel in den Bewerbungsunterlagen und über das Fehlen einer zielgerichteten Bewerbungsstrategie.

Es reicht also auf keinen Fall aus sich mit einem standardisierten Anschreiben fleißig zu bewerben und darauf zu vertrauen, dass es dann schon irgendwann einmal klappt. Eine gute Vorbereitung und systematisches Vorgehen sind für den richtigen Berufseinstieg unbedingt erforderlich.

Grundvoraussetzungen für eine erfolgreiche Bewerbung sind:

Voraussetzungen

- eine realistische Einschätzung der eigenen Fähigkeiten
- klare berufliche Zielvorstellungen
- eine darauf ausgerichtete Bewerbungsstrategie um die Ziele zu erreichen.

Dieses Buch gibt dem Hochschulabsolventen zu allen Themen, die mit der Arbeitsplatzsuche und dem Berufseinstieg zusammenhängen, Informationen, Ratschläge und Hilfestellung. Damit werden Sie in der Lage sein eine zielgerichtete Bewerbungsstrategie zu entwickeln, damit Sie den Arbeitsplatz finden, der Ihren Vorstellungen entspricht.

Die Lage auf dem Arbeitsmarkt

Der folgende kurze Überblick über den Arbeitsmarkt soll deutlich machen, dass es für angehende Akademiker unbedingt notwendig ist sich umfassend zu informieren und den Berufsweg rechtzeitig zu planen.

Bisherige Entwicklungen

Der Arbeitsmarkt für Hochschulabsolventen hat sich infolge der wirtschaftlichen Rezession seit dem Frühjahr 1992 erheblich verschlechtert. Während Geistes- und Sozialwissenschaftler schon seit einiger Zeit Probleme haben einen angemessenen Arbeitsplatz zu finden, sind jetzt auch junge Naturwissenschaftler, Ingenieure und Betriebswirte von Arbeitslosigkeit bedroht, also Berufsgruppen, die bisher von Firmen heiß umworben wurden. So kann es vorkommen, dass sich bis zu 500 Chemiker auf ein interessantes Stellenangebot bewerben oder dass Ingenieure mit einer glatten Zwei im Diplomzeugnis über ein Jahr nach ihrem Abschluss noch keine Arbeitsstelle gefunden haben.

Über 200 000 Hochschulabsolventen drängen zur Zeit pro Jahr auf den Arbeitsmarkt, die Zahl der Arbeitsplätze, die für sie in Frage kommen, wird allerdings immer knapper. In allen Branchen entlassen Unternehmen zunehmend auch Akademiker und stellen weniger Hochschulabsolventen ein. Die großen Konzerne, die bis vor kurzem noch scharenweise Hochschulabgänger einstellten, streichen die Stellen für den Nachwuchs drastisch zusammen. Auch im öffentlichen Dienst werden überall Stellen abgebaut und weniger Akademiker eingestellt. Da die Unternehmen aus Wettbewerbsgründen den Personalbestand eher weiter reduzieren, rechnen Wirtschaftsforscher damit, dass sich die Lage noch weiter verschlechtern wird. Ein Studium bietet heute weder eine Garantie für einen sicheren Job noch für eine Karriere.

Abbau von Einstiegspositionen

Wie sind die Prognosen für Akademiker?

Verschiedene Forschungsinstitute gingen in ihren bisherigen Prognosen davon aus, dass in Zukunft die Akademikerbeschäftigung aufgrund der wachsenden Qualifikationsanforderungen stark ansteigen wird. Bis zum Jahr 2010 wurde ein Anstieg des Akademikerbedarfs auf 18 Prozent der Erwerbstätigen errechnet, während 1987 nur 11 Prozent einen akademischen Grad besaßen. Besonders hoch sollte der Zuwachs im Dienstleistungssektor sein.

Doch neuere Studien zeigen, dass der Bedarf an Akademikern wesentlich langsamer steigen wird, als noch vor wenigen Jahren angenommen wurde. Von 1994 bis zum Jahre 2010 werden nach Berechnungen der Kultusministerkonferenz mindestens 4,1 Millionen Hochschulabsolventen auf den Arbeitsmarkt drängen. Nach einem Gutachten von 1993 für das Bundesbildungsministerium beträgt zwischen 1990 und 2010 der zusätzliche Bedarf an Akademikern lediglich 900 000 mit Uniabschluss und 800 000 mit Fachhochschulabschluss. Somit steigt der Akademisierungsgrad bis 2010 nur auf 15 Prozent statt auf 18 Prozent mit entsprechenden Konsequenzen für die Perspektiven künftiger Akademikergenerationen.

Prognosekorrekturen

In den nächsten Jahren wird die Schere zwischen Angebot und Nachfrage an Akademikern immer weiter auseinander klaffen und das Überangebot an Akademikern rasch wachsen: Im Jahr 2000 soll es bis 800 000 Studierte zu viel geben, bis 2010 rund eine Million.

Bei einer Befragung von 258 Unternehmen zum Akademikerbedarf ermittelte das Kölner Institut der deutschen Wirtschaft (IW) folgende Rangfolge der Studienrichtungen:

Die besten Aussichten am Arbeitsmarkt haben danach die Ingenieure der Elektrotechnik, es folgen die Wirtschaftswissenschaftler, die Maschinenbau- und die übrigen Ingenieure, Naturwissenschaftler und Mathematiker sowie Informatiker. Die Rechts- und Sozialwissenschaftler stehen abgeschlagen im unteren Drittel, den letzten Platz nehmen erwartungsgemäß die Absolventen sprach- und kulturwissenschaftlicher Studiengänge ein.

Veränderte Aufgabenbereiche

Viele Hochschulabsolventen werden ihre Arbeitsplätze verstärkt auf der Ebene der qualifizierten Sachbearbeiter und Sachgebietsleiter oder Referenten finden, während der Anteil in Führungspositionen sinken wird. Schon heute üben nach den Ermittlungen des IW lediglich ein Viertel der Hochschulabsolventen „eine im klassischen Sinne akademikerspezifische Funktion" aus. Knapp ein Viertel (23 Prozent) arbeiten als Bürokräfte, angelernte Arbeiter, Verkäufer, Facharbeiter, Sachbearbeiter oder Vorarbeiter. 50 Prozent arbeiten auf Meisterebene oder als qualifizierte Fachkraft.

Immer mehr Studenten werden Arbeitsplätze annehmen müssen, die bisher Nichtstudierte innehatten. Als Folge daraus wird sich für zunehmend mehr Hochschüler das Studium als Fehlinvestition erweisen, weil sie einen Job annehmen müssen, den sie auch mit abgeschlossener Berufsausbildung und beruflicher Weiterbildung hätten erreichen können.

Ein großes Hindernis für den Übergang ins Berufsleben ist nach Ansicht der befragten Unternehmen die praxisferne Ausbildung und eine überzogene Erwartungshaltung der Abgänger von den Universitäten. Fachhochschulabsolventen werden aus diesem Grund häufig den Uni-Absolventen vorgezogen. Den Berufseinsteigern wird zudem ein Mangel an wichtigen Qualifikationen vorgeworfen, die erst durch die Einarbeitung mühsam erworben werden müssten.

Was die Unternehmen erwarten

Da die Unternehmen bei den Mitarbeitern die Auswahl haben, werden die Anforderungen höher. Ein gutes Examen allein reicht nicht mehr aus. Die Bewerber müssen zielorientiert und praxisverbunden studiert haben und mehr gemacht haben als andere. Eigeninitiative, Persönlichkeit und soziale Kompetenz sind gefragt.

Qualifikationsprofil

Als besonders wichtige Voraussetzungen werden nach den Ermittlungen des IW von jungen Akademikern erwartet: die Bereitschaft unterschiedliche Aufgaben und Tätigkeiten wahrzunehmen (berufliche Flexibilität), Fremdsprachenkenntnisse, regionale Mobilität, praktische Berufserfahrungen und ein möglichst niedriges Berufseinstiegsalter. Demgegenüber spielen formale Zusatzqualifikationen eine nachgeordnete Rolle. Eher unwichtige Gesichtspunkte sind der Hochschulort, eine Promotion oder ein Studium im Ausland.

Persönlichkeitsprofil

Bei den Persönlichkeitsmerkmalen zählen mit uneingeschränkter Spitzenstellung Leistungsbereitschaft, Problemlösungsfähigkeit, Initiative, Kooperationsfähigkeit und Lernbereitschaft zu den erwarteten Eigenschaften. Mit nur geringen Abstrichen folgen Teamfähigkeit, Kreativität, mündliche Kommunikationsfähigkeit, Durchsetzungsvermögen und Führungspotential. Im Vergleich hiermit werden eine gewisse Breite der Interessen, Risikobereitschaft, die Fähigkeit zur Selbstdarstellung und soziale Aktivitäten weniger erwartet.

Bestands-aufnahme

Wesentlicher Bestandteil einer guten Vorbereitung und Grundlage für einen erfolgreichen Berufseinstieg ist, dass der Bewerber sich über zwei Punkte Klarheit verschafft:

- Er muss seine Fähigkeiten genau kennen und seinen Wert richtig einschätzen können.
- Er muss klare berufliche Zielvorstellungen haben.

„Verkaufsargumente" gewinnen

Vor jeder Bewerbung muss darum zunächst eine systematische Bestandsaufnahme der eigenen Fähigkeiten, Fertigkeiten, Kenntnisse und Eigenschaften stehen. Sie soll dazu dienen, dass Sie Ihre persönlichen Stärken und Schwächen erkennen. Damit gewinnen Sie die Argumente für eine überzeugende Bewerbung und können Ihren Wert für einen zukünftigen Arbeitgeber besser einschätzen. Außerdem wird es Ihnen leichter fallen die passenden beruflichen Tätigkeitsfelder für den Berufseinstieg zu finden.

Wie sinnvoll diese Bestandsaufnahme und Analyse der eigenen Qualifikation ist, werden Sie leicht merken, wenn Sie einmal Folgendes machen: Versuchen Sie spontan Ihre wesentlichen Fähigkeiten und persönlichen Stärken aufzuzählen oder jemanden von Ihrem Können zu überzeugen!

Sicherlich wird es Ihnen schwer fallen sich und Ihre Fähigkeiten angemessen darzustellen. Ein wesentlicher Grund liegt darin, dass wir uns im Allgemeinen zu wenig mit unserer eigenen Person beschäftigen und im Alltag kaum jemand eine systematische Bilanz der persönlichen Fähigkeiten und Merkmale aufstellt.

Die Bestandsaufnahme der Qualifikation geht mit etwas Systematik sicher leichter. Wichtig ist dabei, dass Sie ehrlich und selbstkritisch sind. Beantworten Sie dazu folgende Fragen:

- Welche fachliche Fähigkeiten und Kenntnisse haben Sie?
- Wo liegen Ihre persönlichen Stärken?

Gehen Sie dabei sehr sorgfältig vor, damit Sie keines der Argumente, die für Sie sprechen und bei einer Personalauswahl entscheidend sein können, auslassen.

Wenn Sie Ihre Fähigkeiten und Stärken genau kennen, wird Ihnen das im Vorstellungsgespräch zugute kommen, z. B. bei folgenden Fragen: Warum denken Sie, dass Sie für die Stelle geeignet sind? Warum sollten wir gerade Sie einstellen? Was sind Ihre persönlichen Stärken und Schwächen?

Denken Sie aber daran, dass der Erfolg Ihrer Bewerbung davon abhängt, wie *andere* Ihre fachliche und persönliche Qualifikation einschätzen. Das Bild, das der Personalchef von Ihren Fähigkeiten und Ihrer Persönlichkeit gewinnt, kann sich unter Umständen erheblich von Ihrer Selbsteinschätzung unterscheiden. Versuchen Sie deshalb zu erfahren, welchen Eindruck Sie auf andere machen und wie Sie von Ihren Mitmenschen gesehen werden.

Fremdeinschätzung recherchieren

Fachliche Kenntnisse und Fähigkeiten

Bei der Aufstellung Ihrer fachlichen Fähigkeiten und Kenntnisse können Ihnen die folgenden Fragen helfen.

CHECKLISTE Fachliche Qualifikation

- ☐ Haben Sie eine Berufsausbildung abgeschlossen? Welche Kenntnisse und Erfahrungen haben Sie dort erworben?

- □ Welche Fachrichtung haben Sie studiert? Welche Studienschwerpunkte oder Fächerkombination haben Sie gewählt? Welchen Abschluss haben Sie erworben?
- □ Welche Kenntnisse und Erfahrungen aus dem Studium sind ansonsten für die Bewerbung interessant (z. B. Praktika, Diplomarbeit, Ferienjobs, Auslandssemester)?
- □ Welche Weiterbildungen und Zusatzqualifikationen sind für Ihre Bewerbung interessant? Haben Sie durch Hobbys oder andere Aktivitäten außerhalb der Universität beruflich nutzbare Kenntnisse erworben (z. B. Fremdsprachen, EDV-Kenntnisse, betriebswirtschaftliche Kenntnisse für Ingenieure, jeweils: wie erworben? Kenntnisstand?)?
- □ Welche praktischen Erfahrungen haben Sie bisher gesammelt (In welcher Funktion? In welchen Einsatzgebieten? Mit welchen Tätigkeiten? Dabei erworbene Kenntnisse und Fähigkeiten?)?

Überlegen Sie sich auch, in welchen Bereichen Sie Schwachpunkte oder Defizite haben. Wo fehlen Ihnen Kenntnisse und Erfahrungen? Wo müssten Sie Ihre fachlichen Fertigkeiten verbessern oder Zusatzqualifikationen erwerben?

Persönliche Merkmale und Stärken

Persönlichkeitsprofil

Neben der fachlichen Qualifikation spielt die Persönlichkeit des Bewerbers heute eine wesentliche Rolle bei der Einstellung. Stellen Sie deshalb Ihre persönlichen Stärken in einer Liste zusammen. Z. B. werden folgende Persönlichkeitsmerkmale immer wieder in Stellenanzeigen genannt:

- Einsatzbereitschaft
- Problemlösefähigkeit
- Eigeninitiative
- Kooperationsfähigkeit
- Teamgeist
- Führungsfähigkeit
- Lernbereitschaft
- Kommunikationsfähigkeit
- Durchsetzungsvermögen
- Überzeugungskraft
- Verantwortungsbereitschaft
- Entscheidungsvermögen

Verhaltensbeispiele

Prüfen Sie, inwieweit Sie diese Merkmale erfüllen. Überlegen Sie sich genau, wie Sie jedes einzelne Persönlichkeitsmerkmal durch Beispiele belegen können. Fragen Sie sich, in welchen Situationen das Merkmal deutlich wird und wie Ihr Verhalten dann konkret aussieht.

Mit der bloßen Behauptung, dass Sie über das geforderte Merkmal verfügen, wird sich gewöhnlich kein Personalchef zufrieden geben. Er wird weiterbohren und nach überzeugenden Beweisen fragen.

Denken Sie anschließend über Ihre persönlichen Schwächen nach. Wie wirken sie sich im Beruf aus? Wie könnten Sie ungünstige Verhaltensweisen ändern?

Die eigenen Ziele festlegen

Voraussetzung für einen erfolgreichen Berufseinstieg sind klare berufliche Zielvorstellungen. Je früher sich der Bewerber konkrete Gedanken über seine Berufsziele macht und sein Studium entsprechend ausrichtet, desto besser sind die Chancen für einen erfolgreichen Berufsweg. Auch mit dem besten Examen kann man nichts anfangen, wenn man sich über seinen späteren Berufsweg noch keine Gedanken gemacht hat. Denn nur, wer konkrete Ziele vor Augen hat, kann eine geeignete Bewerbungsstrategie entwickeln.

Orientierungslosigkeit nach dem Studium

Man kann immer wieder feststellen, dass ein großer Teil der Berufsanfänger nur vage berufliche Zielvorstellungen hat. Viele beschäftigen sich erst nach dem Studium mit ihren Berufschancen. Sie bewerben sich ziemlich wahllos auf alle möglichen Anzeigen um nur irgendeine Stelle zu finden.

Mit der Einstiegsposition werden allerdings meistens entscheidende Weichen für die weitere berufliche Laufbahn gestellt. Deshalb kann es für den Bewerber nicht darum gehen irgendeine Stelle zu erhalten, sondern die richtige Stelle, wo er erfolgreich arbeiten kann, Spaß an seiner Arbeit hat und persönlich zufrieden ist.

Bevor Sie sich bewerben, sollten Sie sich also unbedingt Gedanken über Ihren Berufsweg und Ihre beruflichen Ziele machen. Gehen Sie dabei in folgenden Schritten vor:

- Sammeln Sie zuerst ausreichende Informationen über den Arbeitsmarkt.
- Legen Sie auf dieser Basis Ihre beruflichen Zielvorstellungen fest.
- Überprüfen Sie, ob sich die Ziele aufgrund Ihrer persönlichen Fähigkeiten und Stärken grundsätzlich verwirklichen lassen.
- Entwickeln Sie schließlich eine geeignete Bewerbungsstrategie um die beruflichen Pläne umzusetzen.

Relevante Fragen, die Sie als Berufseinsteiger beantworten sollten, sind in folgender Checkliste angeführt.

CHECKLISTE Berufsplanung

Weichenstelle
Einstiegsposition

1. In welchem Aufgabenbereich oder Tätigkeitsfeld möchten Sie arbeiten?
2. In welcher Branche wollen Sie gerne arbeiten?
3. Streben Sie eine Tätigkeit als Angestellter, Beamter oder Selbstständiger an?
4. Wollen Sie lieber in einem Privatunternehmen oder im öffentlichen Dienst arbeiten?
5. Möchten Sie lieber in einem Großunternehmen oder einem mittelständischen Betrieb arbeiten?
6. Wie soll Ihre Anfangsposition aussehen? Trainee, Sachbearbeiter, Spezialist, Referent, Assistent?
7. In welcher Region möchten Sie gerne arbeiten? Wie mobil sind Sie überhaupt?
8. Welche Gehaltsvorstellungen haben Sie?
9. Was erwarten Sie von der zukünftigen Stelle bzw. Firma?
10. Wie sehen Ihre langfristigen Berufsvorstellungen aus?

Nach Ihren beruflichen Zielen und den Gründen für Ihre Bewerbung werden Sie mit Sicherheit im Vorstellungsgespräch gefragt. Dabei erwecken unsichere Kandidaten, die nicht wissen, was Sie wollen, kein Interesse. Die besseren Karten hat eindeutig der Bewerber, der weiß, was er will und der sein Ziel konsequent verfolgt. Denn:

- Klare Ziele motivieren und steigern den Willen zur Aktivität.
- Sie geben Ihnen Selbstsicherheit.
- Sie haben damit überzeugende Argumente für Ihre Bewerbung und das Vorstellungsgespräch.

Analyse der eigenen Situation

Berufstätigkeit und Privatleben

Im Rahmen Ihrer Bestandsaufnahme müssen Sie sich mit Ihrer augenblicklichen Situation befassen. Sie müssen überprüfen, ob sich private und berufliche Interessen und Ziele miteinander vereinbaren lassen oder kollidieren. Welche Folgen hat die Berufstätigkeit für das Privatleben und umgekehrt? Beispielsweise sind mit einem beruflich bedingten Umzug in eine andere Region erhebliche Folgen für das Privatleben verbunden, über die Sie besser vor der Bewerbung nachdenken sollten. Wenn Ihnen erst bei einem Vertragsangebot klar wird, dass ein Umzug aus familiären Gründen nicht möglich ist, hätten Sie sich den ganzen Aufwand sparen können. Die folgenden Fragen können für Ihre Situationsanalyse nützlich sein.

CHECKLISTE Persönliche Situationsanalyse

- ☐ Bin ich mit meiner persönlichen Situation zufrieden?
- ☐ Was habe ich bisher erreicht?
- ☐ Welche persönlichen Ziele habe ich noch nicht erreicht? Aus welchen Gründen?
- ☐ Was sollte ich an meiner persönlichen Situation in nächster Zeit ändern?
- ☐ Welche Einflüsse haben Partner, Kinder, Freunde und andere Bezugspersonen auf meine Entscheidungen und Pläne?
- ☐ Wie sieht meine familiäre Situation aus? Habe ich größere Probleme?
- ☐ Bin ich durch meine Familie oder andere persönliche Bindungen in meiner Mobilität eingeschränkt?

- □ Habe ich persönliche Schwierigkeiten für die Zukunft zu erwarten?
- □ Was fördert oder behindert mich in meiner persönlichen Entwicklung?
- □ Welchen Einfluss hat mein Privatleben auf meinen Beruf?

CHECKLISTE Berufliche Situationsanalyse

- □ Was habe ich bisher in meiner Ausbildung/beruflichen Entwicklung erreicht?
- □ Welche Ziele habe ich bisher nicht erreicht? Warum nicht?
- □ Bin ich mit meiner beruflichen Situation zufrieden?
- □ Was missfällt mir an meiner jetzigen beruflichen Situation?
- □ Was sollte ich davon in nächster Zeit ändern?
- □ Wie sehen meine beruflichen Zielvorstellungen aus (Tätigkeit, Position, Verdienst)?
- □ Was ist wichtig für meine berufliche Zufriedenheit?
- □ Wie komme ich mit Vorgesetzten und Arbeitskollegen aus?
- □ Gibt es Leute, die mich beruflich fördern können?
- □ Wie sind die Zukunftsaussichten in meiner Branche/in meinem angestrebten Beruf?
- □ Welche beruflichen Möglichkeiten habe ich überhaupt?
- □ Welche meiner fachlichen Fähigkeiten und Kenntnisse sind besonders wertvoll für mögliche Arbeitgeber?
- □ Welche beruflichen Schwierigkeiten sind in absehbarer Zukunft zu erwarten?
- □ Bin ich bereit berufsfremde Aufgaben zu übernehmen/mich beruflich umzuorientieren?
- □ Welchen Einfluss hat meine Berufstätigkeit bzw. haben meine beruflichen Pläne auf mein Privatleben?

Der richtige Berufseinstieg

Vor der Bewerbung stellt sich für den Anfänger die Frage, welche Form des Berufseinstiegs in ein Unternehmen er wählen sollte: Direkteinstieg, Traineeprogramm oder Assistententätigkeit.

Beim direkten Einstieg in ein Unternehmen als qualifizierter Sachbearbeiter, als Spezialist für bestimmte Aufgaben, in einer Referenten- oder Stabsposition übernimmt der Berufsanfänger sofort verantwortungsvolle Aufgaben.

Ausbildungsprogramme

Zwei verschiedene Ansätze

Viele Unternehmen bieten für Berufseinsteiger Ausbildungs- und Einarbeitungsprogramme an. Dabei kann man zwei Arten unterscheiden: Auf der einen Seite wird eine eher breit angelegte Ausbildung für vielseitig einsetzbare Führungsnachwuchskräfte angeboten (Traineeprogramm), auf der anderen Seite erfolgt die Vorbereitung auf eine bestimmte, vorher festgelegte Position (Training-on-the-Job).

Traineeprogramme

Zwei Phasen

Traineeprogramme sind bei Einsteigern besonders beliebt. Dabei handelt es sich um systematische Ausbildungsprogramme, in deren erster Phase die Kandidaten meistens mehrere Abteilungen des Unternehmens durchlaufen und kennen lernen, bevor sie sich in der zweiten Phase für die spätere Tätigkeit spezialisieren. Die Progamme dauern zwischen 6 und 24 Monaten und richten sich vor allem an junge Hochschulabsolventen ohne Branchenkenntnisse. Je nach Firma können die Programme sehr unterschiedlich sein. Die Tendenz geht heute von den für alle Trainees standardisierten Programmen zu individuelleren Konzepten, die Fähigkeiten und Wünsche der Einsteiger mit berücksichtigen.

Ein Freifahrschein für eine schnelle Karriere sind Traineeprogramme heute nicht mehr. Eine großer Teil der Absolventen erhält nach Abschluss der Ausbildung erst einmal einen Sachbearbeiterposten. Lediglich im Handel kann man sofort in eine Leitungsfunktion aufsteigen.

Probleme können bei Traineeprogrammen entstehen, wenn die Programme nicht halten, was sie versprechen und wenn mit ihnen nur Etikettenschwindel betrieben wird um qualifizierte Einsteiger anzulocken.

Prüfung des Traineeangebots

Der Einsteiger sollte sich deshalb über die Qualität und Ziele des angebotenen Programms gut informieren und auch den Traineevertrag genau prüfen. Dabei können folgende Fragen von Interesse sein:

- Seit wann wird das Traineeprogramm angeboten?
- Handelt es sich um ein fundiertes Ausbildungsprogramm (oder sollen nur Nachwuchskräfte angelockt werden)?
- Welche konkreten Lernziele hat das Programm?
- Ist das Programm standardisiert mit fixer Dauer oder gibt es auch individuelle Ausbildungspläne?
- Welche Abteilungen durchläuft man?
- Mit welchen Arbeiten wird man betraut (Hilfsarbeiten lassen auf Konzeptionslosigkeit schließen)?
- Wie sieht es während des Traineeprogramms mit der Betreuung aus?

- Erhält man einen unbefristeten oder befristeten Arbeitsvertrag?
- Welche Position kann man nach Abschluss des Programms erhalten (qualifizierter Sachbearbeiter, Referent, Spezialist für bestimmte Aufgaben oder Leitungsfunktion)?

Training-on-the-Job

Spezialisierter Einstieg

Beim Training-on-the-Job erfolgt über einen längeren Zeitraum eine systematische Einweisung der Berufsanfänger am Arbeitsplatz. Nach einem festgelegten Plan werden sie unter Anleitung erfahrener Kollegen in ihr Arbeitsgebiet eingeführt und übernehmen schrittweise verantwortungsvollere Tätigkeiten. Daneben werden wie beim Traineeprogramm ergänzende Weiterbildungen durchgeführt.

Job-Rotation

Geplante Arbeitsplatzwechsel

Ein weiteres Ausbildungssystem ist die sogenannte Job-Rotation. Hierbei finden während der ersten Berufsjahre mehrfach geplante Arbeitsplatzwechsel statt. Die Einsteiger werden in die unterschiedlichen Arbeitsbereiche zunächst eingearbeitet und dann voll gefordert. Auch hier finden berufsbegleitend Weiterbildungen statt.

Durch den Einsatz in unterschiedlichen Aufgabenbereichen bekommen die Kandidaten von Anfang an die Gelegenheit ihre Fähigkeiten zu zeigen und Verantwortung zu tragen, wobei sie schrittweise ihre Erfahrungen erweitern.

Assistent der Geschäftsführung

Eine weitere interessante Einstiegsposition ist der Assistent der Geschäftsführung. Früher war dieser Einstieg der klassische Weg um in die Unternehmensleitung aufzusteigen und viele der heutigen Top-Manager haben einmal als Assistent des Chefs begonnen. Durch den engen persönlichen Kontakt kann der Assistent einen guten Einblick in die Entscheidungsmechanismen der obersten Unternehmensebene gewinnen, sodass dieser Posten ein ideales Sprungbrett im Unternehmen darstellt. Während früher der Assistent schon als Nachfolger des Chefs angesehen wurde, bietet dieser Posten heute keine sichere Garantie mehr für den schnellen Berufsaufstieg. Oft erweist sich dieser Weg als Sackgasse, wenn sich nämlich im Unternehmen keine adäquate Anschlussposition findet und der Assistent später über den Posten eines besseren Sekretärs nicht hinauskommt.

Sonderfall: Was kann ein Studienabbrecher tun?

Wer sein Studium abbricht, weil er in eine Sackgasse geraten ist, sollte – bei allen verständlichen Schwierigkeiten sich neu zu motivieren – einen Neuanfang machen.

Schrittweise Neuorientierung

- Setzen Sie sich selbstkritisch mit den Gründen des Scheiterns auseinander und ziehen Sie die notwendigen Konsequenzen.
- Vor einer beruflichen Neuorientierung steht eine bewusste Selbstanalyse der eigenen Stärken, Neigungen und Interessen. Sie müssen sich fragen: Wo liegen meine Fähigkeiten? Welche Stärken habe ich? Für welche Tätigkeiten interessiere ich mich? Hilfreich können dabei Selbsterkundungstests sein, die Sie bei der Berufsberatung des Arbeitsamtes machen können.
- Lassen Sie sich beim Arbeitsamt beraten und erkundigen Sie sich nach Alternativen: z. B. Berufsausbildung, Fortbildungs- und Umschulungslehrgänge. Informieren Sie sich über die Anforderungen und Tätigkeiten in einzelnen Berufen und die finanziellen Förderungsmöglichkeiten.

- Bei Bewerbungen kommt es darauf an, dass der Studienabbrecher klare Vorstellungen über den gewünschten Tätigkeitsbereich und seine Berufsziele hat.
- Fragen des neuen Arbeitgebers nach den Gründen des Studienabbruchs sollten Sie offen beantworten. Versuchen Sie nicht mit fadenscheinigen Ausreden über finanzielle Notlagen oder familiäre Schwierigkeiten die wirklichen Gründe zu vertuschen. Stehen Sie zu Ihrem Verhalten und geben Sie es ehrlich zu, wenn Sie das Studium nicht mehr interessiert hat oder wenn Sie Prüfungen nicht bestanden haben.
- Machen Sie bei Vorbehalten und Skepsis deutlich, dass Sie aus dem Misserfolg gelernt haben und die neuen Aufgaben leistungsorientiert bewältigen möchten.

Wege zu einem neuen Arbeitsplatz

Bei der Suche nach einem geeigneten Arbeitsplatz stehen Ihnen folgende Möglichkeiten offen:

1. Stellenanzeigen

Der übliche Weg

Sie studieren den Stellenmarkt der regionalen und überregionalen Tageszeitungen oder Fachzeitschriften und bewerben sich auf passende Anzeigen. Eine Bewerbung lohnt sich nur, wenn das eigene Qualifikationsprofil weitgehend mit dem Anforderungsprofil in der Anzeige übereinstimmt.

2. Initiativbewerbungen

Gezielte Ansprache

Sie bewerben sich unaufgefordert bei Firmen, ohne dass Sie wissen, ob eine Stelle frei ist. Bei dieser Methode ist es wichtig die Unternehmen gezielt auszuwählen und sich vorher gut zu informieren. Im Anschreiben müssen Sie klare Vorstellungen bezüglich der angestrebten Tätigkeit und Einstiegsposition äußern.

3. Beratung durch das Arbeitsamt

Fachvermittlungsdienste

Für Hochschulabsolventen stehen die Fachvermittlungsdienste zur Verfügung. Damit der Fachvermittlungsdienst Ihre Bewerbung an interessierte Unternehmen weiterleiten kann, müssen Sie Ihre vollständigen Bewerbungsunterlagen einreichen. Außerdem können Sie sich bei den Arbeitsberatern über die Situation am Arbeitsmarkt, die Beschäftigungsaussichten in einzelnen Berufen, Fortbildungs- und Umschulungsmaßnahmen und finanzielle Förderungsmöglichkeiten informieren.

4. Private Arbeitsvermittler

Seit Aufhebung des Vermittlungsmonopols der Bundesanstalt für Arbeit können sich Arbeitsuchende auch an private Vermittlungsbüros wenden. Es besteht allerdings kein Anspruch darauf, dass der Vermittler für den Arbeitsuchenden aktiv wird. Die Kosten für die Vermittlung zahlen allein die Arbeitgeber.

5. Persönliche Empfehlungen

Wichtig: Kontakte

Sie bewerben sich auf persönliche Empfehlungen und Informationen hin, die Sie von Freunden, Bekannten, Verwandten, Kollegen, Professoren, Dozenten erhalten. Versuchen Sie schon während des Studiums vielfältige Kontakte aufzubauen, die Ihnen bei der Arbeitsplatzsuche nützlich sein können.

6. Eigenes Stellengesuch

Weiterhin kann eine gut durchdachte eigene Anzeige zum gewünschten Arbeitsplatz führen. Dabei hängt der Erfolg nicht nur von einem guten Text, sondern auch von der Auswahl des richtigen Mediums, einer angemessenen Aufmachung und von einem günstigen Zeitpunkt ab.

7. Praktika und Diplomarbeiten

Praxisbezogene Diplomarbeiten in Zusammenarbeit mit Unternehmen und Firmenpraktika können sich bei einer Bewerbung auszahlen und ein Arbeitsplatzangebot zur Folge haben. Bei einer Stellenbesetzung zieht ein Unternehmen den Bewerber vor, von dem man bereits einen positiven Eindruck gewonnen hat und der durch seine Mitarbeit schon teilweise eingearbeitet ist.

8. Sonstige Möglichkeiten

Weitere Möglichkeiten um sich Informationen über Arbeitsplätze zu beschaffen oder Kontakte zu knüpfen sind:

- Jobs neben dem Studium
- frühere Ausbildungsfirmen
- Fach- und Industriemessen
- Betriebsbesichtigungen
- Berichte in Zeitungen
- Firmenbroschüren, Geschäftsberichte
- Kontaktanzeigen in Studien- und Industrieführern.

Frühzeitige Vorbereitung

Beginnen Sie möglichst schon lange vor dem Abschluss des Studiums mit Ihren Vorbereitungen für die Bewerbung und informieren Sie sich über den Arbeitsmarkt. Sammeln Sie Informationen über spezielle Berufsfelder, über einzelne Branchen und Unternehmen sowie über Einstiegsmöglichkeiten und beschäftigen Sie sich mit dem Stellenmarkt besonders der überregionalen Zeitungen. Damit Sie nicht unter Zeitdruck geraten, sollten Sie etwa sechs Monate vor dem Examen die ersten Bewerbungen verschicken.
Verhalten Sie sich aktiv und nutzen Sie alle Bewerbungswege und Kontaktmöglichkeiten. Bewerben Sie sich gezielt und versenden Sie auf keinen Fall Massenrundbriefe oder Postwurfsendungen. 100 Bewerbungen bis zum Erfolg sind auch für Naturwissenschaftler und Ingenieure zur Zeit normal.

Bewerberauswahl durch Personalberater

In den bekannten überregionalen Zeitungen läuft ein großer Teil der Stellenausschreibungen für Führungspositionen und hochqualifizierte Spezialisten über Personalberatungsunternehmen. Erfahrene Personalberater verfügen über eine sehr gute Marktkenntnis. Ihre Dienste werden von Firmen aus unterschiedlichen Gründen in Anspruch genommen:

Gründe für den Auftraggeber

- In den meisten Fällen werden Personalberatungen eingeschaltet um die eigene Personalabteilung bei der Besetzung von Führungspositionen zu entlasten.
- Kleinere Firmen erhoffen sich durch die Mitwirkung eines renommierten Personalberaters ein größeres Potential qualifizierter Bewerber.
- Das systematische Vorgehen bei der Suche und Auswahl geeigneter Mitarbeiter, die Marktkenntnis und das Erfahrungspotential einer Personalberatung sollen personelle Fehlbesetzungen verhindern, die nicht nur unter Kostengesichtspunkten gravierende Folgen haben können.

- Schließlich ist die Geheimhaltung gegenüber dem eigenen Personal und der Konkurrenz durch eine Personalberatung gesichert.

Im Gegensatz zu privaten Arbeitsvermittlern sind Personalberatungen nur im Auftrag von Unternehmen und nicht im Auftrag eines suchenden Kandidaten tätig. Sie wirken bei der Suche und Auswahl von Führungskräften lediglich mit. Allerdings sind hier die Grenzen sicherlich fließend.

Vorteile für den Bewerber

Auch für den Bewerber kann die Zwischenschaltung eines Personalberaters Vorteile haben. Hier spielt die Möglichkeit der vertraulichen Kontaktaufnahme eine wichtige Rolle. Personalberater verpflichten sich die Bewerbung vertraulich zu behandeln und keine Informationen an den Auftraggeber weiterzuleiten, solange der Bewerber nicht damit einverstanden ist. Außerdem kann ein Personalberater als unparteiischer Dritter die Vor- und Nachteile eines Unternehmens objektiver schildern als Firmenangehörige. Hält er den Bewerber für geeignet, kann er ihm sogar Hinweise für die richtige Präsentation beim Auftraggeber geben.

Die Bewerbung bei einer Personalberatung unterscheidet sich nicht von der Direktbewerbung bei einer Firma. Die Berater werten die Bewerbungsunterlagen aus, führen die Interviews mit den interessanten Bewerbern durch, setzen teilweise auch andere Auswahlverfahren wie Tests oder Assessment-Center ein und präsentieren dann zwei bis drei ausgewählte Kandidaten beim Auftraggeber. Die Entscheidung, wer eingestellt wird, trifft letztlich das Unternehmen.

... und Nachteile

Die Anzeige einer Personalberatung hat für den Bewerber den Nachteil, dass er zunächst nicht weiß, welches Unternehmen sich dahinter verbirgt. Meistens wird in der Anzeige die Möglichkeit angeboten telefonische Vorabinformationen einzuholen. Dabei erfahren Sie aus Gründen der Diskretion zwar nicht den Namen der Firma, aber Sie können viele Zusatzinformationen über die Firma und die angebotene Stelle erfahren. Weiterhin können Sie im Gespräch mit dem Berater klären, ob Sie mit Ihrer Qualifikation für die Position grundsätzlich infrage kommen und ob sich die schriftliche

Bewerbung für Sie überhaupt lohnt. Bereiten Sie sich aber auf das Telefonat gut vor und überlegen Sie sich genau, welche Fragen Sie stellen wollen.

Warnsignale

Neben den seriösen Beratungsunternehmen gibt es auch eine Reihe schwarzer Schafe, denn für die Zulassung als Personalberater gibt es keine gesetzlichen Richtlinien. So ist Vorsicht angebracht, wenn ein Berater seine Anschrift hinter einer Chiffre versteckt oder wenn er Ihnen auffällig lange Informationen über die Firma und die ausgeschriebene Position vorenthält und nur einseitig Auskünfte von Ihnen einholt.

Personalberatungen sind nur im Auftrag von Unternehmen tätig. Sie dürfen keine Bewerberkarteien führen, sie dürfen keine Bewerber- oder Stellenlisten herausgeben, sie müssen die Unterlagen nach der Entscheidung wieder zurückgeben, sie dürfen von Bewerbern keine Honorare oder Gebühren verlangen. Das bedeutet für den Bewerber, dass er sich auf jede Stellenanzeige der gleichen Personalberatung neu bewerben muss. Haben Sie in einem Fall eine Absage bekommen, gilt das nur für die Bewerbung auf diese konkrete Position. Bei der Stellenausschreibung für eine andere Firma können Sie sich durchaus erneut bei derselben Personalberatung bewerben.

Neben der Personalsuche für Firmen bieten viele Personalberatungsunternehmen auch Karriereberatung für Hochschulabsolventen an. Dafür werden allerdings stattliche Gebühren berechnet.

Auswertung von Stellenanzeigen

Die meisten Arbeitsplätze werden über Stellenanzeigen besetzt. Für Hochschulabsolventen kommen in erster Linie die Anzeigen in den bekannten überregionalen Tageszeitungen (z. B. „Frankfurter Allgemeine Zeitung“, „Süddeutsche Zeitung“) und Wochenzeitungen (z. B. „Die Zeit“) infrage. Aber auch in den regionalen Zeitungen und in Fachzeitschriften sollte man sich über Stellenangebote für Einsteiger informieren.

Der wichtigste „Stellenvermittler“

Weitere Möglichkeiten, wo Hochschulabsolventen Stellenanzeigen finden können, sind:

- Hochschulzeitschriften wie „Forum“, „Unicum“, „Uni“
- Firmenbroschüren, Studien- und Industrieführer
- Sonderbeilagen von überregionalen Zeitungen oder Zeitschriften.

Die Mehrzahl der Anzeigen ermöglicht eine direkte Kontaktaufnahme mit den Unternehmen. In den überregionalen Zeitungen werden darüber hinaus viele Anzeigen von Personalberatungsunternehmen geschaltet. Außerdem kann man in manchen Fällen mit einer Chiffre-Anzeige konfrontiert werden, die keine näheren Rückschlüsse erlaubt.

Worauf Sie achten sollten

Bevor Sie sich auf eine Stellenanzeige bewerben, sollten Sie diese genau lesen und sorgfältig analysieren. Dabei wird man feststellen, dass der Informationsgehalt der Anzeigen sehr unterschiedlich ist. Statt klarer Formulierungen werden häufig nichts sagende und beliebig austauschbare Floskeln verwendet, die dem Leser keine wirklichen Informationen liefern. Bei Ihrer Analyse müssen Sie die beiden folgenden Fragen beantworten:

- Erfülle ich die Anforderungen der Stelle?
- Eignet sich das Unternehmen für meine Bewerbung?

Präzise und konkrete Aussagen?

Untersuchen Sie die Anzeige daraufhin, ob die Formulierungen schwammig und unpräzise sind oder ob genaue Auskünfte gegeben werden. Werden die zu besetzende Position und die Aufgaben detailliert oder nur verschwommen dargestellt? Werden die Voraussetzungen und Anforderungen der Stelle genannt? Was sagen der Text, die Größe und die Gestaltung der Anzeige über das Unternehmen aus?

Ein ideales Stellenangebot hat sowohl eine Anziehungs- als auch eine Abschreckungsfunktion, denn es soll die geeigneten, hinreichend qualifizierten Bewerber aufmerksam machen und mobilisieren und alle anderen von der Bewerbung abhalten.

Viele Personalchefs beklagen sich darüber, dass Bewerber die Anzeigen nicht genau lesen und sich bewerben, obwohl aus der Anzeige klar ersichtlich ist, dass Sie nicht in Frage kommen.

Gute Anzeigen geben in der Regel mehr oder weniger ausführlich über folgende Punkte Auskunft:

Kriterien für seriöse Anzeigen

- Welche Firma hinter der Anzeige steht
- Welche Position die Firma besetzen will
- Welche Aufgaben den Bewerber erwarten
- Welche Qualifikation gefordert wird
- Was die Firma für die Leistung bietet
- Wann die Stelle besetzt werden soll
- In welcher Form man sich bewerben soll.

Je mehr Fakten und konkrete Aussagen eine Stellenanzeige bietet, umso interessanter ist sie für den Bewerber. Misstrauen ist bei allgemeinen Redensarten, nichts sagenden Floskeln, unseriösen Versprechungen und schwammigen Formulierungen geboten. Die folgende Checkliste soll Ihnen helfen die wichtigen Informationen aus der Anzeige herauszufiltern.

CHECKLISTE Anzeigenanalyse

1. Zum Unternehmen

- □ Branche
- □ Produktions-/Dienstleistungsprogramm
- □ Größe, Marktstellung
- □ Standort
- □ Zukunftsaussichten

2. Zur Aufgabe

- □ Tätigkeits-/Aufgabenbeschreibung
- □ Verantwortung, Kompetenzen, Vollmachten
- □ Entwicklungs-/Aufstiegsmöglichkeiten
- □ Eintrittstermin

3. Zur Qualifikation

- □ Ausbildung, Studienrichtung mit Schwerpunkten
- □ Fach-/Spezialkenntnisse
- □ Sprachkenntnisse
- □ Fähigkeiten, Berufserfahrung
- □ Persönliche Merkmale: Alter, Mobilität usw.

4. Zum Angebot

- □ Vergütung/Gehalt
- □ Zusatzleistungen, z. B. Firmenfahrzeug
- □ Soziale Leistungen
- □ Art der Einarbeitung
- □ Hilfen bei der Wohnungsbeschaffung

5. Zur Bewerbung

- □ Art der Bewerbung/erforderliche Unterlagen
- □ Gewünschte Angaben: Eintrittstermin und Gehaltswunsch
- □ Telefonische Kontaktaufnahme
- □ Referenzen

Eine genaue Analyse der Anzeige zeigt Ihnen, über welche Punkte das Unternehmen keine Auskunft gibt. Damit haben Sie gleichzeitig eine Grundlage für Fragen, die Sie später im Vorstellungsgespräch stellen können.

Muss- und Wunschanforderungen

Wenn Sie sich auf eine Anzeige hin bewerben, müssen Sie auf die einzelnen Anforderungsmerkmale der Anzeige reagieren. Untersuchen Sie genau, welche Fähigkeiten, Kenntnisse und Eigenschaften gefordert werden. Greifen Sie die Anforderungen im Anschreiben auf und belegen Sie kurz und knapp, warum Sie das Merkmal abdecken. Personalfachleute überprüfen nämlich als erstes Ihr Anschreiben daraufhin, ob Sie die Anzeige auch genau gelesen haben.

Es ist wichtig bei den Anforderungen zwischen Muss- und Wunschanforderungen zu unterscheiden. Mussanforderungen sind für die ausgeschriebene Stelle zwingend erforderlich. Mit folgenden Formulierungen drückt man das aus:

Formulierungen für Mussanforderungen

- sie haben ...,
- wir erwarten ...,
- ... ist unbedingt erforderlich,
- ... setzen wir voraus,
- ... ist unbedingte Voraussetzung,
- ... sind selbstverständlich.

Wenn Sie diese Anforderungen nicht erfüllen, lohnt es sich nicht sich zu bewerben, denn Sie erhalten bestimmt eine Absage. Fehlt Ihnen ein wichtiges Merkmal und bewerben Sie sich trotzdem, müssen Sie genau begründen, warum Sie sich dennoch für ausreichend qualifiziert halten.

Wunschanforderungen werden für die angestrebte Position nicht unbedingt vorausgesetzt. Allerdings sind die Chancen des Bewerbers sicher besser, wenn er solche Anforderungen erfüllen kann.

... und Wunschanforderungen

Sie werden so umschrieben:
- ... sind erwünscht,
- ... wäre wünschenswert,
- ... sind von Vorteil,
- sie sollten ...,
- idealerweise haben Sie ...

Teilweise sind die Anforderungen in Anzeigen auch übertrieben, denn Firmen beschreiben oft den Idealkandidaten. Man sollte sich davon nicht abschrecken lassen. Können Sie die wichtigsten Anforderungen wirklich erfüllen, sollten Sie sich ruhig bewerben.

Wann man anrufen sollte

In vielen Anzeigen wird die Möglichkeit zum Telefonkontakt angeboten (Wenn Sie Fragen haben, rufen Sie Herrn ... an: Tel. ...). Gibt es irgendwelche Unklarheiten, sollten Sie dieses Angebot nutzen um fehlende Informationen zu erfragen. Das gilt besonders, wenn es sich um Anzeigen von Personalberatern handelt. Rufen Sie aber nicht spontan an, sondern bereiten Sie das Telefonat sorgfältig vor. Überlegen Sie sich genau, welche Fragen Sie stellen wollen und was Sie über Ihre Person sagen. Lesen Sie auch die Anzeige noch einmal gut durch. Wenn Sie nach Dingen fragen, die sich aus der Anzeige beantworten lassen, handeln Sie sich mit Sicherheit Minuspunkte ein. Ist in der Anzeige keine Telefonnummer angegeben, sollte man auf einen Anruf in der Personalabteilung verzichten. Denn man kann davon ausgehen, dass Anrufe in diesem Fall unerwünscht sind.

Keine Spontananrufe!

Als Berufsanfänger sollten Sie sich durch das Studium der Stellenangebote rechtzeitig einen Überblick über die Marktlage in Ihrem Beruf verschaffen. Dabei können Sie auch Anregungen für berufliche Möglichkeiten und Einstiegspositionen erhalten.

Tages- und Wochenzeitungen

Hier eine Übersicht bekannter Tages- und Wochenzeitungen (Samstags- bzw. Wochenauflage in Tsd.):

■ Frankfurter Allgemeine Zeitung 521	F.A.Z GmbH Hellerhofstraße 2–4 60267 Frankfurt am Main Tel. 0 69/75 91-0
■ Süddeutsche Zeitung 544	Süddeutscher Verlag GmbH Sendlinger Str. 8 80331 München Tel. 0 89/21 83-0
■ Die Welt 244	Axel Springer Verlag AG Axel-Springer-Platz 1 20355 Hamburg Tel. 0 40/34 71
■ Zeitungsgruppe WAZ 1267	Friedrichstr. 34–38 45123 Essen Tel. 02 01/80 40
■ Rheinische Post 412	Rheinisch-Bergische Druckerei- und Verlagsges. Zülpicher Str. 10 40002 Düsseldorf Tel. 02 11/5 05-0
■ Stuttgarter Zeitung 222	STZ-Anzeigengemeinschaft Postfach 10 60 32 70049 Stuttgart Tel. 07 11/72 05-0
■ Frankfurter Rundschau 190	Druck- und Verlagshaus Frankfurt am Main GmbH Große Eschenheimer Str. 16–18 60313 Frankfurt/M. Tel. 0 69/2 19 91

■ Die Zeit 494	Zeitverlag G. Bucerius GmbH & Co. Speersort 1 20079 Hamburg Tel. 040/3280-0
■ VDI-Nachrichten 164	VDI-Verlag Heinrichstr. 24 40239 Düsseldorf Tel. 0211/6188-0

Die schriftliche Bewerbung

Mit der schriftlichen Bewerbung bekommt das Unternehmen meistens den ersten Eindruck vom Bewerber. Ihre Unterlagen sind so etwas wie Ihre Visitenkarte. Sie müssen damit für sich werben. Es muss Ihnen gelingen sich in den Bewerbungsunterlagen optimal darzustellen und Interesse zu erwecken, damit Sie zu einem Vorstellungsgespräch eingeladen werden.

Anforderungen an die Unterlagen

Quote: 400 zu 10

Die Ansprüche an die Bewerbungsunterlagen sind heute hoch. Denn aufgrund der schlechter gewordenen Arbeitsmarktsituation für Hochschulabsolventen werden viele Unternehmen mit Bewerbungen überschüttet. 400 Bewerbungen und mehr auf eine überregionale Stellenanzeige für Anfänger sind heute keine Seltenheit. Davon werden gewöhnlich nicht mehr als zehn Bewerber zu einem persönlichen Gespräch eingeladen. Die Maßstäbe bei der Auswahl geeigneter Bewerber sind daher härter geworden.

Bedenken Sie auch, dass Personalfachleute bei der großen Flut von Bewerbungen, die heute oft bei Unternehmen eingehen, nicht die Zeit haben sich die Unterlagen aller Bewerber ausführlich anzusehen. Bei der ersten Durchsicht verwenden sie meistens nicht mehr als zwei Minuten für jede Zuschrift. In dieser Zeit sehen sie sich in erster Linie Anschreiben, Lebenslauf und das Lichtbild an. Nur wenn diese Unterlagen ein ausreichendes Interesse erwecken, beschäftigen sie sich mit den Belegen in Form der Zeugnisse und sonstigen Nachweise. Es kommt deshalb darauf an, dass der Bewerber im Anschreiben und Lebenslauf seine Eignung für die Stelle deutlich herausstellt. Ein paar kurze Sätze im Anschreiben mit dem Hinweis auf die übrigen Unterlagen reichen auf keinen Fall aus.

Entscheidende zwei Minuten

Wichtige Kriterien einer guten Bewerbung sind Vollständigkeit, ein aussagefähiger Inhalt, eine ansprechende äußere Form, ein guter Schreibstil und eine korrekte Rechtschreibung. Nach der Durchsicht der Bewerbungsunterlagen sollte sich der Empfänger ein Bild von der Eignung des Bewerbers machen können.

Bewerbung kommt von Werbung

Ihre Bewerbung sollte eine überzeugende Werbung für die eigene Person sein. Es kommt darauf an die eigenen Fähigkeiten und Stärken gut zu verkaufen und die eigene Qualifikation möglichst deutlich herauszustellen.

Es kann nützlich sein, wenn Sie sich bei Ihrer Selbstdarstellung in der Bewerbung an der bekannten AIDA-Formel aus der Werbepsychologie orientieren. AIDA steht für:

Werbepsychologie

A – attention: Aufmerksamkeit erzeugen
I – interest: Interesse erwecken
D – desire: Wunsch zum Kennen lernen auslösen
A – action: Aktivität provozieren

Überträgt man dieses Modell auf die Bewerbung, dann muss es dem Bewerber gelingen die Aufmerksamkeit und das Interesse des Lesers zu erwecken und ihn neugierig zu machen mit dem Ziel die Einladung zum Vorstellungsgespräch zu bekommen. Die *Aufmerksamkeit* des Lesers können Sie gewinnen, wenn sich die eigene Bewerbung durch einwandfreie Form und individuellen Stil positiv aus der Masse der nach „Schema F" gefertigten Standardbewerbungen abhebt. Durch gute Nutzenargumente und eine klare und überzeugende Präsentation der eigenen Qualifikation wird daraus echtes *Interesse*, das sich zum *Wunsch* steigert den Bewerber kennenzulernen, und schließlich zur Entscheidung führt den Bewerber zum persönlichen Gespräch einzuladen (= *Aktivität*).

Keine Übertreibungen

Der Empfänger der Bewerbung muss also die Überzeugung gewinnen, dass Sie für den angebotenen Arbeitsplatz geeignet sind. Allerdings müssen Sie sachlich bleiben und dürfen nicht übertreiben. Was man später nicht einhalten kann, sollte man vorher nicht versprechen. Alle Behauptungen müssen durch die beigefügten Unterlagen der Bewerbung belegt werden können.

Was ist „vollständig"?

Einer der häufigsten Fehler

Die Vollständigkeit der Bewerbungsunterlagen ist für die meisten Personalfachleute ein sehr wichtiges Auswahlkriterium. Achten Sie deshalb genau darauf, welche Unterlagen und Angaben in einer Stellenanzeige von Ihnen erwartet werden. Unvollständige oder zu kurz gefasste Bewerbungsunterlagen gehören zu den häufigsten Bewerbungsfehlern, über die sich Unternehmen immer wieder beklagen. Das Einholen der gewünschten Informationen würde den Bearbeitungsaufwand beträchtlich erhöhen. Solche Bewerber sind deshalb von vornherein chancenlos, denn ihre Unterlagen werden als uninteressant aussortiert. Aus fehlenden oder nachlässig zusammengestellten Unterlagen schließen Personalfachleute, dass der Bewerber an der ausgeschriebenen Stelle kein großes Interesse hat und auch in Zukunft nachlässig arbeiten wird. Auch entsteht leicht der Eindruck, dass er etwas zu verbergen hat.

Zu einer vollständigen schriftlichen Bewerbung gehören allgemein folgende Unterlagen:

- ein individuelles Anschreiben
- ein tabellarischer Lebenslauf
- ein Foto
- Zeugniskopien (Abitur- und Examenszeugnisse, falls vorhanden Arbeitszeugnisse)
- andere Leistungsnachweise wie Zertifikate und Bescheinigungen über Weiterbildungen, Lehrgänge, abgeleistete Praktika, Nebenjobs, wenn Sie weitere Auskünfte über die Eignung für die Stelle geben.

Auf Verlangen können weitere Unterlagen beigefügt werden:

- Arbeitsproben
- Schriftprobe
- Referenzen.

Arten der schriftlichen Bewerbung

Es gibt unterschiedliche Formen der schriftlichen Bewerbung, je nachdem, in welcher Situation man sich befindet und welche Ziele man verfolgt.

Bewerbung auf eine Stellenanzeige

Genaue Textanalyse

Die meisten Bewerbungen werden auf Stellenanzeigen geschrieben. Bevor Sie sich auf eine Stellenanzeige bewerben, analysieren Sie den Text genau und achten Sie darauf, welche Eigenschaften, Kenntnisse und Fähigkeiten hier gefragt sind. Vergleichen Sie die Anforderungen aus der Anzeige mit Ihrer tatsächlichen Qualifikation. Eine Bewerbung lohnt sich nur, wenn Sie die Anforderungen der Stelle weitgehend erfüllen können. Sie sparen so unter Umständen Zeit und Geld, wenn Sie erkennen, dass Ihre Chancen bei einer realistischen Einschätzung Ihrer persönlichen Eignung schlecht stehen, und von einer Bewerbung absehen.

Eine Bewerbung auf eine Stellenanzeige sollte gezielt und individuell auf die unterschiedlichen Anforderungen der Anzeige eingehen und sollte entsprechende Qualifikationen kurz belegen.

Kann man ein wichtiges Merkmal aus der Anzeige nicht erfüllen, muss man plausibel begründen, warum man sich trotzdem bewirbt und für geeignet hält. Darüber hinaus kann man zusätzliche Qualifikationen anführen, die für das Unternehmen interessant sein könnten.

Initiativbewerbung

Von einer unaufgeforderten oder Initiativbewerbung spricht man, wenn man sich auf gut Glück bewirbt, ohne dass man weiß, ob eine Stelle frei ist.

„Konkurrenzlose" Präsentation

Diese Form der Bewerbung hat Vorteile. Bewerben Sie sich auf Stellenangebote, haben Sie meistens eine große Konkurrenz. Bei einer unaufgeforderten Bewerbung ist das dagegen nicht der Fall. Besonders eher mittelmäßige Bewerber haben hier bessere Chancen.

Im Anschreiben kommt es darauf an die eigenen Fähigkeiten und Stärken deutlich herauszustellen und anzugeben, welche Aufgaben Sie erfüllen können um damit bei der Firma Interesse zu erwecken. Manchmal kann eine interessante Initiativbewerbung überhaupt erst den Ausschlag geben einen neuen Mitarbeiter einzustellen. Denn gute Leute werden eigentlich immer gesucht. Außerdem werden Bewerber, die sich auf diese Weise um eine Stelle bemühen, als aktiver und höher motiviert eingeschätzt als andere.

Mit Initiativbewerbungen wird man nur dann Erfolg haben, wenn man eine gezielte Auswahl trifft und sich gut über die Unternehmen informiert. Dazu gehört es, dass Sie den Namen des Empfängers in Erfahrung bringen. Durch die persönliche Ansprache zeigen Sie, dass Sie keine Postwurfsendung verschicken.

Bei einer Einzelbewerbung geht man mit einem individuellen Anschreiben gezielt auf die Erfordernisse und Probleme eines bestimmten Unternehmens ein und beschreibt möglichst exakt, welche Tätigkeiten man für die Firma ausführen und welchen Nutzen man anbieten kann. Dazu müssen Sie die vorher recherchierten Informationen geschickt in die Bewerbung einbauen.

Branchenbezogene Kurzbewerbung

Der andere Fall ist, dass Sie Ihre Bewerbungen an eine Gruppe von Unternehmen einer Branche richten. In diesem Fall muss das Anschreiben allgemeiner formuliert werden um den unterschiedlichen Anforderungen verschiedener Arbeitgeber gerecht zu werden. Vorher sollte man sich über die aktuellen Probleme der jeweiligen Branche gut informieren und diese Themen im Anschreiben ansprechen. Sie müssen den Firmen ein konkretes Leistungsangebot machen können und genau schildern, welche Aufgabengebiete Sie übernehmen können und wie Sie an der Lösung von Problemen mitarbeiten können.

In der Regel reicht es aus die Initiativbewerbung als Kurzbewerbung mit einem ausführlichen Anschreiben und einem tabellarischen Lebenslauf zu verschicken verbunden mit dem Angebot bei Interesse die übrigen Unterlagen nachzureichen.

Telefonische Voranfrage

In der heute ungünstigen Arbeitsmarktsituation für Hochschulabsolventen muss man damit rechnen, dass auch viele gute Initiativbewerbungen in den Papierkorb wandern. Deshalb kann es sinnvoller sein, wenn man zuerst einmal telefonisch anfragt, ob Interesse an einer Bewerbung besteht. Ist das der Fall, reicht man seine vollständigen Bewerbungsunterlagen mit Bezug auf das geführte Telefonat ein.

Die Kurzbewerbung

Eine Kurzbewerbung soll den Bewerbungsaufwand reduzieren. Sie besteht aus dem Anschreiben mit den wesentlichen Angaben über Fähigkeiten, Kenntnisse und Berufserfahrungen und einem tabellarischen Lebenslauf eventuell ergänzt durch ein Lichtbild.

Zielgruppen-kurzbewerbung

Kurzbewerbungen sind nur in einigen Fällen sinnvoll, dazu gehören die Bewerbung auf eine Chiffre-Anzeige und die Zielgruppenkurzbewerbung. Bei der Zielgruppenkurzbewerbung verschickt der Bewerber unaufgeforderte Bewerbungen an eine gut ausgewählte homogene Zielgruppe von Unternehmen und macht ein konkretes Leistungs- bzw. Nutzenangebot. Voraussetzung ist selbstverständlich, dass der Bewerber sich über die Probleme der angeschriebenen Unternehmen eingehend informiert hat und seine Fähigkeiten, Stärken und seinen Nutzen genau kennt.

Im Anschreiben spricht der Bewerber zunächst ein Unternehmensproblem an. Anschließend nennt er Ansätze für eine Problemlösung und macht deutlich, wie er aufgrund seiner Fähigkeiten und Eigenschaften an der Lösung der bestehenden Aufgaben und Probleme mitwirken kann. Er stellt also seine Eignung und seinen Nutzen als Problemlöser dar. Zum Abschluss des Schreibens bittet man um die Kontaktaufnahme des Unternehmens und weist darauf hin, dass man bei Interesse an der Bewerbung die vollständigen Unterlagen nachreicht.

Verschicken Sie auf eine normale Stellenanzeige niemals eine Kurzbewerbung, es sei denn, Sie werden in der Anzeige ausdrücklich dazu aufgefordert.

Bewerbung auf Chiffre-Anzeigen

Mit einer Chiffre-Anzeige will das inserierende Unternehmen anonym bleiben. Viele Bewerber haben eine berechtigte Scheu sich auf diese Anzeigen zu bewerben, denn man kann keine Informationen über die Firma einholen, die Anzeigen wirken manchmal unseriös und die Gefahr von Datenmissbrauch besteht.

Allerdings sollte man eine Chiffre-Anzeige nicht von vornherein ablehnen. Es können dafür ganz verständliche und plausible Gründe vorliegen:

- Die inserierende Firma möchte der Konkurrenz keinen Aufschluss über die Personalpolitik geben.

- Das Image des Unternehmens ist zur Zeit nicht gut, z. B. aufgrund von Entlassungen, Umweltskandalen, Gerichtsverfahren.
- Der neue Mitarbeiter soll einen alten ersetzen.

Nur Anschreiben und Lebenslauf

Erscheint Ihnen eine Chiffre-Anzeige reizvoll, sollten Sie immer nur eine Kurzbewerbung verschicken, d. h. ein kurzes Anschreiben, das Ihr Interesse zeigt, und ein tabellarischer Lebenslauf reichen aus. Dabei gehört die Chiffrenummer auf das Anschreiben und den Umschlag. Das Anschreiben muss natürlich alles anführen, was das Interesse des Empfängers weckt und ihn deshalb veranlasst vollständige Unterlagen anzufordern.

Wenn Sie vermeiden wollen, dass die Bewerbung an Ihre eigene Firma oder an eine Ihnen nicht genehme Firma weitergeleitet wird, können Sie der Bewerbung ein kurzes Begleitschreiben mit einem Sperrvermerk beilegen:

Sperrvermerk

Leiten Sie die Unterlagen bitte nicht an die folgenden Firmen weiter:
1. ....
2. ....
3. ....
In diesem Fall wäre ich Ihnen dankbar, wenn Sie mir die Unterlagen zurücksenden würden. Vielen Dank.
Mit freundlichem Gruß

Die Bewerbungsunterlagen werden komplett in einen Umschlag gesteckt und verschlossen. Auf diesen Umschlag schreiben Sie groß und deutlich die Kennziffer. Dieser Umschlag kommt zusammen mit dem Begleitschreiben in einen größeren Umschlag, den Sie ohne Kennzifferangabe an die Anzeigenabteilung der Zeitung schicken.

Die äußere Form der Unterlagen

Bevor wir uns mit den Bewerbungsunterlagen im Einzelnen beschäftigen, sollen erst einmal einige allgemeine Dinge zur Form der Bewerbungsunterlagen angesprochen werden. Die äußere Form fällt sofort ins Auge und wird immer zuerst beurteilt, ehe die Unterlagen gelesen werden. Damit Sie nicht von vornherein Ihre Chancen erheblich vermindern, sollten Sie auf jeden Fall die folgenden Dinge beachten:

Wichtige „Äußerlichkeiten"

- Verwenden Sie nur weißes, unliniertes DIN-A4-Papier und beschreiben Sie es nur einseitig.
- Schreiben Sie entweder mit einer guten Schreibmaschine oder mit einer PC-Textverarbeitung in Verbindung mit einem Schönschriftdrucker.
- Benutzen Sie ein gutes Farbband und wählen Sie ein ansprechendes Schriftbild.
- Im Text dürfen keine radierten Stellen oder Streichungen vorkommen. Schreiben Sie den Text lieber neu.
- Rechtschreibung und Zeichensetzung müssen einwandfrei sein. Benutzen Sie einen Duden, wenn Sie Schwierigkeiten damit haben.
- Achten Sie auf gute Raumeinteilung und lassen Sie angemessene Ränder, d. h. der Rand sollte rundum etwa 2,4 cm sein, bei einer Schreibmaschine beginnen Sie links bei Grad 10.
- Beachten Sie die Vorgaben der DIN 5008 für Geschäftsbriefe. Neuerdings sieht die DIN für das Datum die internationale Schreibweise Jahr – Monat – Tag vor (also 1997 – 12 – 31 für 31.12.1997). Daneben bleibt die alphanumerische Schreibweise „erlaubt", also 31. Dezember 1997.
- Achten Sie auf eine klare inhaltliche Gliederung des Textes.
- Verwenden Sie nur neue Fotokopien von guter Qualität.
- Vermeiden Sie Flecken oder Eselsohren.
- Legen Sie die einzelnen Unterlagen in eine Klarsichtmappe, Sicht- oder Klemmhefter.
- Verwenden Sie einen festen DIN-A4-Briefumschlag und denken Sie an eine ausreichende Frankierung.

Das Anschreiben

Das Anschreiben ist das erste Blatt, das der Empfänger in den Händen hält. Deshalb muss es einen besonders guten Eindruck machen um von Anfang an eine positive Einstellung gegenüber der Bewerbung zu erzeugen.

Zielsetzung

Das Anschreiben ist für die Werbung in eigener Sache besonders geeignet. Es hat die Aufgabe die umfangreichen Informationen der gesamten Bewerbung auf einem Blick darzustellen und die wesentlichen Dinge hervorzuheben. Der Leser erwartet hier eine kurze Erläuterung der beruflichen Entwicklung und Aufschluss über Fähigkeiten, Kenntnisse und Erfahrungen, die für die angestrebte Stelle von Bedeutung sind. Es muss dem Bewerber gelingen seine Eignung überzeugend herauszustellen. Durch das Anschreiben soll der Leser neugierig werden, sodass er interessiert die weiteren Unterlagen liest.

Es reicht nicht aus, wenn Sie im Anschreiben nur ein paar dürftige Sätze schreiben und dann auf die beigefügten Unterlagen verweisen. Bei der großen Flut von Bewerbungen, die heute teilweise auf eine einzige Stellenanzeige eingehen, haben die Empfänger oft nicht die Zeit, alle Bewerbungsunterlagen ausführlich zu lesen und zu bewerten. Deshalb muss der Bewerber schon im Anschreiben sein Qualifikationsprofil herausstellen und die Eignung für die angestrebte Position deutlich machen. Der Leser muss sich schon beim ersten Überfliegen ein Bild von der Eignung des Bewerbers machen können ohne erst die Zeugnisse und anderen Unterlagen studieren zu müssen. Nutzen Sie das Anschreiben um sich mit Ihren Fähigkeiten und Stärken zu profilieren und von den übrigen Mitbewerbern abzuheben.

Motive für die Bewerbung

Weiterhin interessiert sich der Empfänger für die Motive Ihrer Bewerbung. Sie sollten begründen, warum Sie in seinem Unternehmen arbeiten wollen oder was Sie an der Anzeige angesprochen hat. Der Leser muss den Eindruck gewinnen, dass Sie sich mit dem Unternehmen beschäftigt haben und gezielt bewerben.

Vermeiden Sie weitschweifige Darstellungen und nichts sagende Floskeln. Schreiben Sie kurz, klar und sachlich. Beschränken Sie sich auf die Fähigkeiten, Kenntnisse und Eigenschaften, die für die angestrebte Stelle nützlich sind. Ihr Ziel muss es sein auf einer DIN-A4-Seite alle wesentlichen Aussagen zusammenzufassen.

Das richtige „Marketing“

Orientierung an den „Kundenwünschen“

Im Anschreiben kommt es entscheidend auf das richtige Marketing an. Das bedeutet für Sie, dass Sie nicht die eigene Person in den Mittelpunkt des Anschreibens stellen dürfen, sondern sich an den Wünschen und Anforderungen der Firma orientieren müssen. Leider machen es die meisten Bewerber genau umgekehrt und stellen die eigenen Interessen in den Vordergrund. Das drückt sich z. B. in folgender Formulierung aus: „Ich habe gerade mein ...studium abgeschlossen und suche nun eine *interessante* und *entwicklungsfähige* Position, in der ich meine Kenntnisse anwenden und vertiefen kann.“

Der erfolgreiche Bewerber muss umgekehrt verfahren und seine egozentrische Haltung ablegen. Er muss zeigen, dass er an den Problemlösungen der angeschriebenen Firma mitwirken kann, und in dieser Hinsicht seinen Nutzen deutlich machen.

Deshalb ist es unangebracht in der Bewerbung alle Fähigkeiten und Kenntnisse einfach aufzuzählen, egal ob Sie zur Stelle passen oder nicht, und es dem Leser zu überlassen sich das Passende herauszusuchen. Damit weckt man kein Interesse. Ihre Argumentation muss vielmehr gezielt auf die Anforderungen aus der Anzeige eingehen oder bei einer Initiativbewerbung auf die zu erwartenden Anforderungen der angestrebten Position.

Anforderungen gezielt ansprechen

Der Bewerber hat bei einer Initiativbewerbung eher Erfolg, wenn er konkret angeben kann, in welchem Tätigkeitsfeld er arbeiten möchte, welche Aufgaben er erfüllen kann und welchen Nutzen er zu bieten hat. Mit der Formulierung „Ich kann mich in jedes Aufgabengebiet schnell einarbeiten" kann man seine Einstellungschancen nicht erhöhen. Berufsanfänger, die diesen Satz manchmal verwenden, erwecken damit den Eindruck, dass Ihnen klare Zielvorstellungen fehlen.

Gliederung des Anschreibens

Das Anschreiben sollte immer folgende Angaben enthalten:

1. Name, Anschrift und Telefonnummer des Absenders
2. Ort und Datum des Schreibens
3. Empfängeranschrift
4. Bezugszeile
5. Anrede
6. Text mit der Darstellung der eigenen Qualifikationen
7. Grußformel
8. Unterschrift
9. Hinweis auf Anlagen

Absender

Achten Sie auf die korrekte Angabe der eigenen Anschrift und geben Sie möglichst auch Ihre Telefonnummer an. Das erleichtert Betrieben eine Rückfrage, wenn Sie etwas Wichtiges vergessen haben.

Empfängeranschrift
Halten Sie sich bei der Firmenanschrift genau an die Angaben der Stellenanzeige. Ist eine Kontaktperson angegeben, richten Sie die Bewerbung an diese Person.

Bezugszeile
Hier weisen Sie in kurzer Form auf den Inhalt des Schreibens hin. Zum Beispiel bei einer Stellenanzeige: „Ihre Anzeige vom 11.5.19.. in der ABC-Zeitung“.

Anrede
Wenn Sie den Namen des Empfängers kennen, reden Sie ihn damit an. Ansonsten benutzen Sie die allgemeine Anrede „Sehr geehrte Damen und Herren“. Heute ist es üblich hinter die Anrede ein Komma zu setzen und (in der übernächsten Zeile) klein weiterzuschreiben.

Einleitung
Vermeiden Sie nichts sagende Einleitungsfloskeln und kommen Sie schnell zur Sache. Nennen Sie den Anlass Ihrer Bewerbung und sagen Sie, wo Sie von der Stelle erfahren haben (z. B. durch eine Stellenanzeige, durch das Arbeitsamt, durch Hinweise von Bekannten).

Darstellung der eigenen Qualifikation
Der wichtigste Abschnitt
In diesem wichtigsten Teil des Anschreibens müssen Sie den Leser davon überzeugen, dass Sie der geeignete Kandidat für die freie Stelle sind. Dazu gehört, dass Sie die wichtigsten Schritte Ihrer beruflichen Entwicklung angeben, auf Ihre besonderen Fähigkeiten und Kenntnisse verweisen und auch relevante persönliche Merkmale erwähnen.

Grund der Bewerbung
Sie sollten hier angeben, warum Sie sich bei der angeschriebenen Firma bewerben oder weshalb Sie die Stelle wechseln wollen. Zeigen Sie, dass Sie sich gezielt bewerben. Sagen Sie, was Sie speziell an dieser Firma interessiert, damit das Anschreiben nicht wie ein Massenrundbrief wirkt.

Gehaltswunsch

Angaben zum gewünschten Gehalt sollten Sie nur machen, wenn das ausdrücklich in der Anzeige verlangt wird. Stellenwechsler können sich hier auf ihren derzeitigen Verdienst beziehen und eventuell hinzufügen, dass sie sich finanziell verbessern möchten. Nennen Sie in diesem Fall immer Ihr Bruttojahresgehalt. Da es für Berufsanfänger besonders schwer ist ein angemessenes Gehalt anzugeben, sollten Sie dieses Thema auf das Vorstellungsgespräch verschieben, z. B. mit folgendem Satz: „Über das Gehalt möchte ich gerne persönlich mit Ihnen sprechen, wenn ich die Einzelheiten der Tätigkeit und die Arbeitsbedingungen genau kenne."

Schwierig für Berufsanfänger

Eintrittstermin

Häufig wird in Stellenanzeigen die Angabe des frühesten Eintrittstermins ausdrücklich verlangt. Berücksichtigen Sie eventuelle Kündigungsfristen.

Schlusssatz

Im letzten Satz geht es in erster Linie um die Einladung zum Vorstellungsgespräch, denn das ist schließlich das Ziel Ihrer schriftlichen Bewerbung.

Grußformel

Schreiben Sie „Mit freundlichen Grüßen" oder „Mit freundlichem Gruß". Vergessen Sie auf keinen Fall Ihre Unterschrift.

Anlagen

Der Anlagenvermerk besteht aus dem Stichwort „Anlagen" und oft der Aufzählung der Einzelanlagen. Sie ermöglicht das Überprüfen der beigefügten Unterlagen auf Vollzähligkeit.

Für die Briefgestaltung gelten die Regeln für Maschinenschreiben (Duden) bzw. die DIN 5008 (vgl. die Schablone auf der nächsten Seite). Der obere und linke Rand zum Text sollte etwa 2,5 cm breit sein. Auf den darauf folgenden Seiten werden einige Textbeispiele für das Anschreiben vorgestellt (aus Platzgründen fehlt die Absenderangabe).

DIN-Regeln für das Anschreiben

Vor- und Nachname Ort, Datum
Straße Nr.
Plz Ort
Telefon
.
.
.
.
.

Name der Firma
Name des Empfängers
Straße Nr./Postfach
.
Plz Ort
.
.
.
Betreffangabe
.
.
Anrede,
.
die wichtigsten Regeln für einen privaten Geschäftsbrief:
- Rand: links Grad 10 (ca. 2,4 cm)/rechts Grad 70 (+/– 5) (ca. 18 cm)
- enger Zeilenabstand
- Beginn der Absenderangabe: 5. Zeile
- Beginn der Empfängeranschrift: 15. Zeile
- Betreffangabe: 24. Zeile
- Anrede: 3 Zeilen unter der Betreffangabe
- Absätze werden durch 1 Leerzeile getrennt

.
Den Text in Absätze gliedern mit folgendem Inhalt:
- Anlass der Bewerbung
- Hauptteil: Darstellung der Qualifikation und Eignung für die Stelle
- Motiv für die Bewerbung
- eventuell Gehaltswunsch
- möglicher Eintrittstermin
- Abschlussformulierung

.
Grußformel
(Unterschrift)
.
.
Anlagen

Textbeispiel für eine Bewerbung als Diplom-Kaufmann

Westbank AG
Herrn Schulte
Hauptstr. 12
40478 Düsseldorf

Ihre Anzeige vom 3. Juni 19.. in der FAZ

Sehr geehrter Herr Schulte,
in Ihrer Anzeige suchen Sie junge Diplom-Kaufleute als Führungsnachwuchskräfte. Wie Sie meinen Unterlagen entnehmen können, kann ich Ihre Anforderungen in fachlicher und persönlicher Hinsicht erfüllen.
Ich habe zunächst eine Ausbildung als Bankkaufmann bei der Volksbank in Essen absolviert und war anschließend dort noch zwei Jahre tätig. Um meine beruflichen Perspektiven zu verbessern begann ich im Oktober 19.. mit dem Studium der Wirtschaftswissenschaften an der Ruhr-Universität in Bochum. Die Schwerpunkte meines Studiums liegen im Bereich Bankbetriebslehre und Finanzwirtschaft. Außerdem habe ich mich während eines Auslandssemesters an der University of Bradford mit dem Thema „International Business" beschäftigt. In meiner Diplomarbeit untersuche ich verschiedene internationale Einflüsse auf die deutschen Aktienkurse.
Ich spreche verhandlungssicher Englisch und verfüge außerdem über gute Französischkenntnisse. Die gewünschten Eigenschaften Engagement, Kontaktfähigkeit und Mobilität habe ich im Laufe meines bisherigen Werdegangs häufig unter Beweis gestellt.
Mein Studium werde ich im kommenden August mit einem gutem Diplom beenden. Aufgrund meiner Studienorientierung möchte ich gerne im Bereich „Investment Banking" arbeiten.
Ich würde mich freuen, wenn ich weitere Einzelheiten in einem persönlichen Gespräch mit Ihnen erörtern könnte.
Mit freundlichen Grüßen
(Unterschrift)

Anlagen

Textbeispiel für eine Bewerbung als Personalreferentin

Walter AG
Herrn Raabe
Bahnhofstr. 10
20456 Hamburg

Bewerbung als Personalreferentin

Sehr geehrter Herr Raabe,
wie telefonisch heute mit Ihnen vereinbart sende ich Ihnen meine Bewerbungsunterlagen für die Stelle als Personalreferentin.
Ich bin 24 Jahre alt und werde im April mein Studium der Psychologie mit dem Diplom abschließen. Während des Studiums habe ich mich schwerpunktmäßig mit Eignungsdiagnostik, Sozial- und Organisationspsychologie beschäftigt.
Durch meine beiden Praktika in der Personalabteilung eines Kaufhauskonzerns und bei einem Personalberatungsunternehmen habe ich einen guten Einblick in die Personalarbeit gewonnen. In dieser Zeit habe ich bei der Auswahl von Bewerbern und der Durchführung von Eignungstests mitgewirkt, Personalgespräche durchgeführt und Seminare mitgestaltet. Außerdem habe ich für meine Diplomarbeit ein Beurteilungssystem für die Bewerberauswahl entwickelt und erprobt.
Meine Praktikumserfahrungen haben mich darin bestätigt nach beruflichen Einstiegsmöglichkeiten im Personalbereich zu suchen.
Weiteren Aufschluss über meine Person liefern Ihnen die beiliegenden Unterlagen.
In einem persönlichen Gespräch würde ich gerne Einzelheiten mit Ihnen erörtern. Darauf freue ich mich.
Mit freundlichen Grüßen
(Unterschrift)

Anlagen
Lebenslauf
Lichtbild
3 Zeugnisse

Textbeispiel für eine Bewerbung eines Diplom-Ingenieurs

Hanau GmbH
Personalabteilung
Postfach 10 11 11
60310 Frankfurt

Ihre Anzeige vom 05. Mai 19.. in den VDI-Nachrichten

Sehr geehrte Damen und Herren,
in dem in Ihrer Anzeige geschilderten Aufgabenbereich habe ich bereits praktische Erfahrungen gesammelt. Ihre Anforderungen kann ich deshalb erfüllen.
Ich bin Diplom-Ingenieur und habe vor einem Monat mein Maschinenbaustudium mit dem Schwerpunkt Fertigungstechnik an der Fachhochschule Dortmund abgeschlossen. Außerdem verfüge ich über eine Ausbildung als Industriemechaniker mit zweijähriger Berufspraxis. Seit einem Jahr bin ich neben meinem Studium freiberuflich in einem Ingenieurbüro tätig. Dort arbeite ich in folgenden Aufgabenbereichen:

- Entwicklung von Software zur Steuerung von ...-Anlagen
- Installation und Wartung der Systeme
- Einweisung und Schulung des Bedienungspersonals

Die von Ihnen angebotene Tätigkeit entspricht genau meinen Vorstellungen. In den beiliegenden Zeugnissen können Sie sich davon überzeugen, dass ich dafür gut vorbereitet bin.
Meine Gehaltsvorstellungen liegen bei etwa ... DM pro Jahr.
Wann darf ich mich bei Ihnen vorstellen?
Mit freundlichen Grüßen
(Unterschrift)

Anlagen
Lebenslauf
Lichtbild
4 Zeugnisse

Textgerüst für eine Initiativbewerbung (Anfangsstelle)

Muster-AG
Herrn Meister
Postfach 11 22
98765 Altstadt

Bewerbung als ...

Sehr geehrter Herr Meister,
im Sommer diesen Jahres werde ich mein ...studium an der Universität ... mit dem Diplom abschließen. Da ich erfahren habe, dass Sie regelmäßig junge Nachwuchskräfte einstellen, bewerbe ich mich bei Ihnen um meine Fähigkeiten in Ihrem Unternehmen beweisen zu können.
Ich habe zunächst eine Berufsausbildung als ... bei der ...GmbH absolviert und war anschließend dort noch zwei Jahre tätig. Im Oktober 19.. begann ich mein ...studium an der Universität in ... Die Schwerpunkte meines Studiums liegen im Bereich ... Außerdem habe ich mich intensiv mit ... beschäftigt. Zur Zeit schreibe ich meine Diplomarbeit mit dem Thema „ ...".
Während meines Praktikums in einem Unternehmen der ...-Branche konnte ich Erfahrungen in ... sammeln. Außerdem habe ich in den Semesterferien in einem ...-Betrieb als ... gearbeitet. Aufgrund meiner persönlichen Interessen möchte ich gerne im Bereich ... bei Ihnen tätig werden.
Mein Studium werde ich voraussichtlich im ... abschließen, sodass ich am 1. ... bei Ihnen anfangen könnte.
Habe ich Ihr Interesse geweckt? Dann freue ich mich auf ein persönliches Gespräch mit Ihnen.
Mit freundlichen Grüßen
(Unterschrift)

Anlagen
Lebenslauf
Lichtbild
Zeugnisse

Formulierungshilfen

Da sich viele Bewerber mit den Formulierungen im Anschreiben schwer tun, sollen die folgenden Textbausteine als Hilfe und Anregung dienen.

Einleitung/Bewerbung auf eine Anzeige

Rasch zum Thema kommen

- Ich bewerbe mich um die von Ihnen ausgeschriebene Position. Die von Ihnen ausgeschriebene Position als … entspricht meinen Fähigkeiten und Vorstellungen.
- Meine Qualifikation entspricht den in Ihrer Anzeige genannten Anforderungen. Daher möchte ich mich als … bei Ihrer Firma bewerben.
- Mit großem Interesse habe ich Ihre Anzeige in der … Zeitung gelesen, in der Sie einen … suchen.
- Ich bin … und habe mit Interesse Ihr Stellenangebot in der … Zeitung gelesen.
- Ihre Anzeige vom … in der … Zeitung hat mich sehr angesprochen.
- Für die von Ihnen ausgeschriebene Stelle als … bringe ich alle Voraussetzungen mit.
- Da ich die Voraussetzungen für die von Ihnen ausgeschriebene Position erfülle, bewerbe ich mich.
- Ich bewerbe mich auf Ihre Stellenanzeige, da ich überzeugt bin, Ihren Anforderungen zu entsprechen.
- Aus einem Artikel in der … Zeitung habe ich erfahren, dass Sie junge Hochschulabsolventen für Ihr Trainee-Programm einstellen.
- In Ihrer Anzeige suchen Sie einen … Diese Position interessiert mich sehr.
- Sie suchen einen …, der … Diese Anforderungen erfülle ich.

Einleitung/Initiativbewerbung

- Ich bin Dipl.-Ing. Fachrichtung ... und suche eine Anfangsstellung im Bereich ...
- Ich werde im ... mein ... -Studium mit dem Diplom abschließen und suche nun eine Anfangsstellung im Bereich ..., wo ich meine Kenntnisse praktisch einsetzen kann.
- Herr/Frau ... teilte mir mit, dass Sie eine/n ... suchen.
  Da Ihr Unternehmen in letzter Zeit stark expandiert, haben Sie sicherlich Bedarf an qualifizierten und engagierten Mitarbeitern.
- Ein Bericht in der ... Zeitung hat mein Interesse an Ihrem Unternehmen geweckt.
- Ich möchte mich bei Ihrem Unternehmen um die Stelle eines ... bewerben.
- Ich bin ... und suche eine Tätigkeit im Bereich ...
- Ich interessiere mich für eine Position als ...
- Wie telefonisch am ... vereinbart sende ich Ihnen meine Bewerbungsunterlagen.
- Aus einem Wirtschaftsmagazin habe ich erfahren, dass Sie jedes Jahr Hochschulabsolventen für Ihr Trainee-Programm einstellen.

Fachliche Qualifikation/Berufliche Entwicklung

„Profil" entwickeln

- Ich habe zunächst eine Ausbildung als ... abgeschlossen und dann mein ... -Studium an der ... Universität aufgenommen.
- Im Anschluss an meine Ausbildung zum ... studierte ich ... an der Fachhochschule in ...
- Während meines Studiums legte ich besonderen Wert auf ...
- Zur Finanzierung meines Studiums arbeitete ich während der Semesterferien regelmäßig bei ... Dabei gewann ich einen guten Einblick in ...
- Neben meinem Studium arbeite ich im Bereich ... Dort bin ich für ... zuständig.
- Während meiner Tätigkeit in der Firma ... konnte ich umfassende Kenntnisse/Erfahrungen im Bereich ... erwerben.
- Wie Sie den beigefügten Unterlagen entnehmen können, habe ich ...

- Die beigelegten Zeugnisse werden Sie davon überzeugen, dass ich ...
- Weiteren Aufschluss über meinen persönlichen und beruflichen Werdegang entnehmen Sie bitte den beigefügten Anlagen.
- Die Einzelheiten meines beruflichen Werdegangs entnehmen Sie bitte den beigefügten Unterlagen.
- Ich habe gute Kenntnisse auf den Gebieten ...
- Ich habe Erfahrung im Umgang mit ... Außerdem habe ich gute ...kenntnisse.
- In dieser Tätigkeit war ich für folgende Aufgabengebiete zuständig ...
- Zu meinen wesentlichen Aufgaben gehörte ...
- Mein Aufgabenbereich umfasste ...

Persönliche Stärken

Zusätzliche „Verkaufsargumente"

- Ich bin in der Lage mich schnell und konsequent in neue Aufgabengebiete einzuarbeiten.
- Meine ... (Eigenschaft) konnte ich bereits bei ... unter Beweis stellen.
- Ich bin es gewohnt ...
- Neben meinen fachlichen Fähigkeiten runden die gewünschten Eigenschaften ..., ... und ... meine Qualifikation ab.

Anzeigenanforderungen

- Die erwünschten ...kenntnisse habe ich während meines Studiums sowie durch einen Lehrgang in ... erworben.
- Erfahrungen in ... habe ich durch mein Praktikum und die daraus entstandene Diplomarbeit bei einer ...-Firma erworben.
- Meine Fähigkeiten im Bereich ... konnte ich bereits bei der Mitarbeit am Projekt ... unter Beweis stellen.
- Die gewünschten Kenntnisse im Bereich ... bringe ich mit.
- Während meiner Tätigkeit in der Firma ... hatte ich Gelegenheit wertvolle praktische Erfahrungen auf diesem Gebiet zu sammeln.
- Bei dieser Tätigkeit erwarb ich spezielle Kenntnisse in ...

Begründung

Motive darlegen

- Bereits während meines Studiums habe ich mich intensiv mit ... und ... beschäftigt und im Praktikum meine ... Kenntnisse vertiefen können.
- Die in der Stellenbeschreibung geschilderten Aufgaben interessieren mich sehr.
- Meine Erfahrungen während meiner Tätigkeit bei ... haben mein Ziel in diesem Bereich eine berufliche Laufbahn einzuschlagen noch einmal bestätigt.
- Eine Tätigkeit im Bereich ... war schon immer mein angestrebtes Berufsziel.
- Die von Ihnen angebotene Tätigkeit entspricht genau meinen Vorstellungen, da ich ...

Gehaltsvorstellung

- Ein Anfangsgehalt von etwa ... DM pro Jahr halte ich für angemessen.
- Meine Gehaltsvorstellungen liegen zwischen ... DM und ... DM im Jahr.
- Mein derzeitiges Jahreseinkommen beträgt ... DM. Bei einem Stellenwechsel möchte ich mich verbesssern.

Eintrittstermin

- Eine Tätigkeit bei Ihnen könnte ich zum ... aufnehmen.
- Da ich mich in ungekündigter Stellung befinde, könnte ich frühestens am ... bei Ihnen anfangen.

Abschlussformulierung

Verbindlicher Abschluss

- Über die Gelegenheit zu einem persönlichen Gespräch würde ich mich sehr freuen.
- Ich freue mich auf ein Gespräch mit Ihnen.

- Ich würde mich freuen mich persönlich bei Ihnen vorstellen zu dürfen.
- Ich bin sicher Sie bei einem persönlichen Gespräch von meiner Eignung überzeugen zu können.
- Habe ich Ihr Interesse geweckt? Dann freue ich mich auf ein persönliches Gespräch.
- Über die Einzelheiten würde ich gerne persönlich mit Ihnen sprechen. Wann darf ich mich bei Ihnen vorstellen?
- Bitte benachrichtigen Sie mich, wann ich mich bei Ihnen vorstellen darf.
- Ich würde mich freuen, wenn ich Sie bei einer Vorstellung von meinen Fähigkeiten überzeugen könnte.
- Über einen Vorstellungstermin würde ich mich freuen.
- Ich würde mich freuen, wenn ich in Ihrem Unternehmen bald meine Einsatzbereitschaft beweisen könnte.

Der Lebenslauf

Zu jeder aussagekräftigen, vollständigen Bewerbung gehört als wesentlicher Bestandteil ein lückenloser Lebenslauf. Er hat die Aufgabe den Leser über die Ausbildung, die berufliche Entwicklung und besonderen Fähigkeiten des Kandidaten zu informieren.

Tabellarischer Lebenslauf

Den allgemeinen Standard bildet heute der tabellarische Lebenslauf, der mit der Schreibmaschine oder mit einer PC-Textverarbeitung geschrieben ist. In dieser Form lassen sich die Informationen übersichtlich gliedern, sodass der Leser die Daten schnell erfassen kann.

Ein Lebenslauf in Aufsatzform ist heute nicht mehr üblich und sollte nur auf ausdrücklichen Wunsch angefertigt werden. Verlangt die Firma zusätzlich noch einen handgeschriebenen Lebenslauf, müssen Sie damit rechnen, dass sie ein grafologisches Gutachten über Ihren Charakter einholt.

Stellenwert bei der Vorentscheidung

Für die meisten Personalfachleute hat der Lebenslauf einen hohen Stellenwert. Er sollte daher stichwortartig zusammenfassend alle wesentlichen Angaben über die Fähigkeiten und

Kenntnisse des Bewerbers enthalten, damit sich der Empfänger ein zutreffendes Bild von seiner fachlichen Eignung machen kann. Weist der Lebenslauf größere Mängel auf, halten es viele Personalfachleute gar nicht mehr für lohnend sich noch die Zeugnisse und anderen Unterlagen anzusehen. Deshalb wird anhand der Lebensläufe oft eine Vorsortierung der Bewerbungen vorgenommen.

Lückenlose Übersicht

Der Lebenslauf muss vollständig sein und eine zeitlich lückenlose Übersicht über den bisherigen Ausbildungs- und Berufsweg geben. Wenn Ihre berufliche Biographie Lücken hat, sollten Sie nicht versuchen zu täuschen. Personalfachleute werden normalerweise Unwahrheiten und Unstimmigkeiten schnell herausfinden. Bei der Bewertung von Zeiten der Arbeitslosigkeit spielt es eine Rolle, ob Sie in dieser Zeit untätig gewesen sind oder Aktivitäten wie beispielsweise eine Fortbildung nachweisen können.

Berücksichtigen Sie beim Erstellen des Lebenslaufes auch, bei welcher Firma Sie sich bewerben. Es reicht nicht aus immer ein und denselben Lebenslauf zu verwenden. Der Inhalt sollte immer auf die ausgeschriebene Stelle zugeschnitten werden und alle Angaben enthalten, die dafür von Bedeutung sind.

Inhalt und Gliederung

Für die Daten und die Gliederung des tabellarischen Lebenslaufes können Sie sich an der folgenden Aufstellung orientieren.

CHECKLISTE Lebenslauf

1. Angaben zur Person

- □ Vor- und Zuname
- □ Anschrift
- □ Geburtsdatum und -ort
- □ Familienstand, Zahl und Alter der Kinder
- □ Staatsangehörigkeit

2. Schulausbildung
- □ Zeitangabe
- □ Schultyp und -ort
- □ Abschluss

3. Berufsausbildung
- □ Ausbildungsdauer
- □ Art der Berufsausbildung
- □ Ausbildungsstätte
- □ Abschluss

4. Studium
- □ Zeitangabe
- □ Art des Studiums/der Studienrichtung
- □ Hochschule
- □ Schwerpunkte/Spezialisierung
- □ Thema der Diplom-/Examensarbeit (bei Berufsanfängern)
- □ Abschluss

5. Berufspraxis
- □ Zeitangabe
- □ Berufsbezeichnung, Position
- □ Betrieb, Ort
- □ Aufgabenbereich

6. Weiterbildung
(Geben Sie nur Lehrgänge an, die für die angestrebte Stelle nützlich sind.)
- □ Dauer
- □ Art des Kurses/Lehrgangs
- □ Veranstalter
- □ eventuell Inhalte

7. Besondere Kenntnisse
- □ Fremdsprachen (einschließlich Beherrschungsgrad)
- □ EDV-Kenntnisse
- □ andere Angaben wie Führerschein, REFA-Schein usw.

8. Sonstiges/Außeruniversitäre Aktivitäten
Hier können Sie weitere Angaben machen, die Sie bisher nicht unterbringen konnten, die aber für eine Beurteilung des Bewer-

bers wichtig sind. Zum Beispiel können Sie Aktivitäten neben dem Studium erwähnen, die Ihr besonderes Engagement weiter deutlich machen.

Bei Männern sind weiterhin Angaben zum Wehr- oder Ersatzdienst zu machen, damit der Lebenslauf lückenlos ist. Hobbys sollten nur dann erwähnt werden, wenn ein Bezug zur angebotenen Stelle besteht und diese Informationen weiteren Aufschluss über die Qualifikation des Bewerbers geben. Namen und Beruf der Eltern und die Angabe zur Konfession werden heute gewöhnlich weggelassen.

Spätestens nach dem Ausbildungsabschluss müssen die Zeitangaben lückenlos sein. Beginn und Ende der einzelnen Berufstätigkeiten müssen mit Monat und Jahr angegeben sein. Ansonsten kann der Leser vermuten, dass der Bewerber Lücken verbergen will.

Nicht vergessen: Unterschrift

Als Abschluss enthält der Lebenslauf Ort und Datum sowie die Unterschrift des Bewerbers. Bei der Gestaltung des Lebenslaufes sollte man oben in der rechten Ecke Platz lassen, damit man dort das Lichtbild befestigen kann.

Verwenden Sie niemals einen kopierten Lebenslauf. Das wird als mangelndes Interesse für die Stelle angesehen. Außerdem werden Sie als Vielbewerber eingestuft.

Umgang mit Schwachstellen

Gibt es in Ihrem Lebenslauf Schwachstellen wie überlange Studienzeiten, abgebrochene Ausbildungen oder Lücken, sollten Sie nicht versuchen den Leser durch Auslassungen und ungenaue Formulierungen zu täuschen. Einem geübten Personalchef werden Unstimmigkeiten leicht auffallen. In diesem Fall fühlt er sich vom Bewerber getäuscht und wird die Bewerbung weglegen.

Sind irgendwelche Schwachpunkte gravierend, sollten Sie darauf näher eingehen und sie erläutern. Offenheit ist hier sicher besser. Da Sie im Lebenslauf oder im Anschreiben aus Platzgründen nur kurze Angaben machen können, sollten Sie den kritischen Punkt eventuell auf einem eigenen Blatt erläutern und möglichst überzeugend begründen.

Ein eigenes Profil gewinnen

Zusätzliche Qualifikationen

Vielen Personalchefs reicht heute ein gutes Examen allein nicht mehr aus. Sie erwarten, dass der Bewerber sich zusätzliche Qualifikationen aneignet und neben dem Studium aktiv ist um auf diese Weise seine Initiative, Leistungsbereitschaft und Zielstrebigkeit zu zeigen. Geben Sie daher Fähigkeiten und Qualifikationen an, die Sie sich neben dem Studium angeeignet haben. Auslandssemester erweitern den Horizont und sind nützlich für die Karriere. Erwähnen Sie Berufstätigkeiten neben dem Studium und Praktika. Stellen Sie besonders die dort erworbenen praktischen Erfahrungen heraus, die Sie im Hinblick auf die angestrebte Stelle nutzen können. Positiv wird bewertet, wenn Sie Veranstaltungen besucht haben, die schon frühzeitig eine Orientierung auf die Berufspraxis erkennen lassen. Ebenso können Sie Pluspunkte durch die Mitarbeit in Vereinen, studentischen Organisationen und andere gesellschaftliche Aktivitäten sammeln.

Analyse des Lebenslaufes

Personalfachleute untersuchen bei der Auswertung des Lebenslaufes besonders folgende Punkte:

1. Analyse der äußeren Form

Die formale Gestaltung, die richtige Gliederung und Auswahl der wesentlichen Daten spielen eine entscheidende Rolle bei der Bewertung des Lebenslaufes. Der Bewerber muss einerseits zeigen, dass er die wesentlichen Fakten seines Lebensweges auswählen kann, und andererseits, dass er diese Daten in eine übersichtliche und geordnete Form bringen kann, sodass der Leser schnell finden kann, was er sucht. Nachlässigkeit bei der Auswahl und Darstellung der Daten wird häufig als mangelndes Interesse an der angebotenen Stelle interpretiert.

Qualitäten der Darstellung

2. Zeitliche Auswertung

Bei der Analyse der zeitlichen Abfolge werden die einzelnen Stationen des Ausbildungs- und Berufsweges untersucht. Dabei wird der Lebenslauf besonders auf zeitliche Lücken, lange Ausbildungs- und Studienzeiten und Arbeitsplatzwechsel durchgesehen. Gibt es Arbeitsplatzwechsel in kurzen Zeitabständen oder mit ungewöhnlichen Kündigungsterminen? Weichen die Daten im Lebenslauf von den Angaben in den Zeugnissen ab? Haben Sie gravierende Lücken oder andere Schwachpunkte aufzuweisen, sollten Sie diese auf jeden Fall näher erläutern um nicht von vornherein chancenlos zu sein.

Prüfungskriterien

3. Analyse der beruflichen Entwicklung

Die berufliche Entwicklung wird daraufhin untersucht, wie zielgerichtet und geradlinig sie verlaufen ist. Hier interessieren z. B. folgende Fragen: Wie konsequent ist die bisherige Berufsplanung? Hat der Bewerber eine Ausbildung abgebrochen? Hat er das Studienfach gewechselt und gibt es dafür plausible Erklärungen? Hat der Bewerber eine Ausbildung vor dem Studium gemacht? Baut das Studium auf einem erlernten Beruf auf?

Auf den folgenden Seiten finden Sie einige Beispiele für die Gestaltung Ihres Lebenslaufes.

Lebenslauf

Foto

Name:	Thomas Becker
Anschrift:	Gartenstr. 32 48164 Münster
Geburtsdatum:	22. Juni 1966 in Köln
Familienstand:	ledig
Staatsangehörigkeit:	deutsch
Schulausbildung:	
1972–1976	Grundschule in Köln
1976–1985	Gymnasium in Köln, Abschluss: Abitur
Berufsausbildung:	
09/1985–06/1988	Ausbildung als Industriekaufmann Autohaus Schmidt GmbH in Köln Abschluss: Industriekaufmann
Wehrdienst:	
07/1988–09/1989	Grundwehrdienst im Fernmeldebereich
Studium:	
10/1989–09/1994	Studium der Betriebswirtschaft an der Westfälischen Wilhelms-Universität in Münster Schwerpunkte: Marketing und Außenwirtschaft
04/1993–09/1993	Auslandssemester an der University of Plymouth, GB Thema der Diplomarbeit: „Probleme der Produktimagemessung bei Automarken" Abschluss: Diplom-Kaufmann, Note „gut"
Berufspraxis:	In den Semesterferien Mitarbeit bei Autohaus Schmidt GmbH in Köln; Bereiche: Kundenberatung, Verkauf, Rechnungswesen
Fremdsprachen:	Englisch – verhandlungssicher
Sonstiges:	gute PC-Anwenderkenntnisse
Münster, den …	Unterschrift

	Lebenslauf	Foto
Persönliche Daten:	Christine Müller Postweg 24 44805 Bochum geb. am 25. März 1970 in Dortmund, ledig	
Schulausbildung:		
1977–1981	Grundschule in Dortmund	
1981–1989	Max-Planck-Gymnasium in Dortmund Abitur: Mai 1989	
Hochschulausbildung:		
seit 10/1989	Ruhr-Universität Bochum Studium der Psychologie Schwerpunkte: Betriebs-, Organisations- und Marktpsychologie Thema der Diplomarbeit: Der Einsatz von Persönlichkeitstests bei der Auswahl von Führungskräften voraussichtlicher Studienabschluss im September 1994	
1993	3-monatiges Praktikum in der Personalabteilung der Karstadt AG in Essen Entwicklung eines Beurteilungssystems für Auszubildende	
Berufstätigkeit:		
seit 4/1992	studentische Hilfskraft am Lehrstuhl für Arbeits- und Organisationspsychologie	
Besondere Kenntnisse:		
EDV	Textverarbeitung WORD Statistisches Programmpaket SPSS	
Fremdsprachen	Englisch – fließend in Wort und Schrift Französisch – Schulkenntnisse	
Bochum, den …	Unterschrift	

Lebenslauf

Persönliche Daten:	Roland Krämer Lessingstr. 17 44238 Dortmund geb. am 20. März 1967 in Herten verheiratet, 1 Kind
Schulausbildung:	1973–1977 Grundschule in Herten 08/1977–06/1986 Gymnasium in Herten Abschluss: Abitur
Berufsausbildung:	08/1986–06/1989 Ausbildung zum Elektroinstallateur Elektro Unger in Recklinghausen Abschluss: Facharbeiterbrief
Wehrdienst:	07/1989–09/1990 Instandsetzungseinheit in Oldenburg
Studium:	10/1990–09/1994 Studium der Nachrichtentechnik an der Fachhochschule Dortmund Studienschwerpunkte: Hochfrequenz- und Mikrowellentechnik Abschluss: Dipl.-Ing. (FH) Nachrichtentechnik Diplomarbeit: Steuerung von Messempfängern
Berufstätigkeit:	In den Semesterferien: Mitarbeit in der Ausbildungsfirma Elektroinstallationen in Neu- und Altbauten
EDV-Kenntnisse:	Programmierung in Pascal, C, Assembler
Sonstiges:	Trainer einer Jugendschwimmannschaft
Dortmund, den …	Unterschrift

Foto

Sonstige Bewerbungsunterlagen

Zeugniskopien

Zu den Bewerbungsunterlagen gehören weiter die Kopien von Ausbildungs- und Arbeitszeugnissen. Sie dienen zum Nachweis der im Lebenslauf angegebenen Qualifikationen und Tätigkeiten. Folgende Zeugniskopien sind der Bewerbung beizulegen:

Beizufügende Zeugniskopien

- Abiturzeugnis
- Examens-, Diplom-, Promotionszeugnisse/-urkunden
- Praktikums- und Arbeitszeugnisse
- Zertifikate und Bescheinigungen über Weiterbildungen und Zusatzqualifikationen, wenn Sie für die Stelle von Bedeutung sind.

Sie sollten bei den Nachweisen allerdings nicht übertreiben. Dicke Bewerbungsmappen, wo man sich vor lauter Papier kaum zurechtfindet, sind bei Personalfachleuten auch nicht beliebt. Beschränken Sie sich auf Bescheinigungen, die für die ausgeschriebene Stelle wirklich wichtig sind. Liegt das Examenszeugnis noch nicht vor, reicht vorläufig ein Notenspiegel aus.

Verschicken Sie keine Originale! Sie können verloren gehen oder in verschmutztem bzw. beschädigtem Zustand zurückkommen. Achten Sie darauf, dass die Kopien von sehr guter Qualität sind. Besteht ein Zeugnis aus mehreren Seiten, müssen Sie natürlich sämtliche Seiten als Kopie mitschicken.

Zeugnisse haben bei den meisten Personalchefs einen hohen Stellenwert. Gerade bei Berufsanfängern ist das Examenszeugnis die wichtigste Quelle für die Bewertung der fachlichen Eigung. Das gilt, obwohl Zeugnisnoten nicht unbedingt etwas über die Berufseignung und den Berufserfolg aussagen und obwohl sie teilweise unter ganz unterschiedlichen Bedingungen zustande kommen, wodurch die Vergleichbarkeit und Aussagekraft von Zeugnissen eingeschränkt wird.

Noten im Examenszeugnis

Die Zeugnisse sollten zeitlich so geordnet werden, dass die letzten Zeugnisse oben liegen.

Arbeitszeugnisse

Hat der Berufsanfänger bereits praktische Erfahrungen aufzuweisen, zählt das bei Firmen besonders viel. Deshalb sind Arbeitszeugnisse aus Berufstätigkeiten vor und während des Studiums, aber auch Praktikumszeugnisse für den zukünftigen Arbeitgeber sehr aufschlussreich. Hier gibt es immer wieder Unsicherheiten bei den Empfängern über die Interpretation einzelner Formulierungen oder des gesamten Zeugnisses.

Auch aus dem Praktikum

Nach den Grundsätzen des Bundesarbeitsgerichtes zum Inhalt des Arbeitszeugnisses muss es einerseits der Wahrheit entsprechen, andererseits muss es wohlwollend formuliert sein und darf das weitere Fortkommen des Arbeitnehmers nicht unnötig erschweren.

Aufgrund dieser widersprüchlichen Forderungen hat sich für negative Beurteilungen eine Zeugnissprache entwickelt, die teilweise verschlüsselt ist. Es gibt eine Reihe von standardisierten Formulierungen, die eine andere Bedeutung haben, als ein unbefangener Leser vermutet und die besser klingen, als sie tatsächlich sind. Die richtige Interpretation eines Zeugnisses kann dadurch für denjenigen, der die Zeugnissprache nicht kennt, schwierig sein.

Die Zeugnissprache wird immer ausgefeilter und komplizierter. Vor allem in kleineren Betrieben sind Feinheiten nicht hinreichend bekannt. Daher besteht die Gefahr, dass der Aussteller eines Zeugnisses in bester Absicht Formulierungen verwendet, die zum Nachteil des Bewerbers ausgelegt werden können.

Was im Arbeitszeugnis stehen sollte

Die folgenden Richtlinien zu den Angaben im Arbeitszeugnis und die Aufstellung gebräuchlicher Formulierungen sollen Ihnen bei der Einschätzung Ihres Arbeitszeugnisses helfen.

Einfaches und qualifiziertes Zeugnis

Bei Arbeitszeugnissen unterscheidet man zwischen dem einfachen Zeugnis, das lediglich Art und Dauer der Beschäftigung bescheinigt, und dem qualifizierten Zeugnis, das eine Beurteilung von Führung und Leistung enthält. Wirklich aussagekräftig ist nur das letzte. Ein qualifiziertes Zeugnis sollte unbedingt folgende Angaben enthalten:

CHECKLISTE Arbeitszeugnis

□ *Name und Geburtsdatum des Arbeitnehmers*

□ *Dauer des Arbeitsverhältnisses*

Es müssen die genauen Eintritts- und Austrittsdaten genannt werden. Ausfallzeiten durch Krankheit, Streik, Beurlaubung dürfen nicht erwähnt werden.

□ *Tätigkeitsbeschreibung*

Das Zeugnis muss eine genaue und ausführliche Beschreibung des Aufgabenbereiches enthalten, sodass sich ein zukünftiger Arbeitgeber eine klares Bild von der Tätigkeit des Arbeitnehmers machen kann. Achten Sie darauf, dass selbstständige und eigenverantwortlich ausgeübte Tätigkeiten besonders erwähnt werden und auch die berufliche Entwicklung innerhalb des Unternehmens dargestellt wird.

□ *Beurteilung der Arbeitsleistung*
Wichtigster Satz ist die Aussage über den Grad der Zufriedenheit mit den Arbeitsleistungen des Beurteilten in Anlehnung an die traditionelle Zensurengebung.
Auch in der Länge und Ausführlichkeit des Zeugnisses drückt sich die Meinung der Vorgesetzten aus: Je kürzer und nichts sagender die Aussagen sind, desto schlechter ist die Beurteilung.

□ *Verhalten gegenüber Vorgesetzten und Kollegen*
Das Verhalten gegenüber Vorgesetzten und Kollegen muss im Zeugnis angesprochen werden, sonst liegt der Verdacht nahe, dass der Beurteilte häufig bei ihnen angeeckt ist.

□ *Führungsverhalten (bei Führungskräften)*
Einer Führungskraft muss das Zeugnis bescheinigen, wie man mit den Untergebenen zurechtgekommen ist. Fehlt eine Angabe hierzu, kann daraus geschlossen werden, dass die Führungsfähigkeit nicht sehr ausgeprägt war.

□ *Beendigungsgründe*
Wer selbst gekündigt hat, sollte auf den Hinweis Wert legen, dass er auf eigenen Wunsch die Firma verlässt. Die Formulierung, man habe sich in gegenseitigem Einvernehmen getrennt, weist in der Regel darauf hin, dass dem Arbeitnehmer gekündigt wurde.

□ *Gute Wünsche für die Zukunft*
Es ist üblich dem ausscheidenden Mitarbeiter gute Wünsche mit auf den weiteren Berufsweg zu geben. War man mit einem Mitarbeiter besonders zufrieden, bedauert man sein Ausscheiden.

Ansprüche an die Form

Das Arbeitszeugnis muss in seiner äußeren Form ordentlich sein. Es sollte Papier von guter Qualität benutzt werden, üblicherweise das Geschäftspapier. Das Zeugnis muss sauber in einheitlicher Maschinenschrift geschrieben sein und darf keine Flecken, Radierungen, Verbesserungen, Durchstreichungen oder Ähnliches enthalten. Weiterhin muss aus dem Briefkopf Name und Anschrift des Ausstellers erkennbar sein.

Abgeschlossen wird das Zeugnis durch Ort und Datum der Ausstellung und die Unterschrift des Arbeitgebers oder einer von ihm dazu bevollmächtigten Person.

Interpretation von Zeugnisformulierungen

Die nachfolgende Übersicht zeigt die gebräuchlichsten Formulierungen und was sie im Einzelnen bedeuten. Zunächst eine Liste von Formulierungen, die eine Einstufung der Arbeitsleistung entsprechend der Notenskala ausdrücken. Danach eine Aufstellung von Formulierungen, bei denen Aussage und die tatsächliche negative Bedeutung oft erheblich auseinander klaffen, sodass für einen Laien der Zeugnissprache die „Codierung" nicht zu erkennen ist.

Bewertung der Leistungen nach der Notenskala

Orientierung an Schulnoten

Sehr gute Leistungen

- Er hat die ihm übertragenen Arbeiten stets zu unserer vollsten Zufriedenheit erledigt.
- Wir waren mit seinen Leistungen in jeder Hinsicht außerordentlich zufrieden.
- Seine Leistungen haben in jeder Hinsicht unsere volle Anerkennung gefunden.

Gute Leistungen

- Er hat die ihm übertragenen Arbeiten stets zu unserer vollen Zufriedenheit erledigt.
- Wir waren mit seinen Leistungen voll und ganz zufrieden.
- Seine Leistungen haben unsere volle Anerkennung gefunden.
- Er hat unseren Erwartungen/Anforderungen in bester Weise entsprochen.

Befriedigende Leistungen

- Er hat die ihm übertragenen Arbeiten zu unserer vollen Zufriedenheit erledigt.
- Wir waren mit seinen Leistungen voll/jederzeit zufrieden.
- Er hat unseren Erwartungen in jeder Hinsicht entsprochen.

Ausreichende Leistungen

- Er hat die ihm übertragenen Arbeiten zu unserer Zufriedenheit erledigt.
- Wir waren mit seinen Leistungen zufrieden.

Mangelhafte Leistungen

- Er hat die ihm übertragenen Arbeiten im Großen und Ganzen zu unserer Zufriedenheit erledigt.
- Seine Leistungen haben unseren Erwartungen entsprochen.

Unzureichende Leistungen

- Er hat sich bemüht die ihm übertragenen Arbeiten zu unserer Zufriedenheit zu erledigen.
- Er hat sich bemüht unseren Erwartungen/Anforderungen zu entsprechen.
- Er zeigte für seine Arbeit Verständnis.

Negative Formulierungen und ihre Bedeutung

„Codierungen“

Das wird gesagt ...	*... und das ist gemeint.*
■ Er bemühte sich den Anforderungen gerecht zu werden.	*Er hat versagt.*
■ Er hat sich im Rahmen seiner Fähigkeiten eingesetzt.	*Er hat getan, was er konnte, aber das war nicht viel.*
■ Er war immer mit Interesse bei der Sache.	*Er hat sich angestrengt, aber nichts geleistet.*
■ Er zeigte für seine Arbeit Verständnis.	*Er war faul und hat nichts geleistet.*
■ Er hat alle Arbeiten ordnungsgemäß erledigt.	*Er ist ein Bürokrat. Initiative ist nicht seine Stärke.*
■ Er erledigte alle Arbeiten mit großem Fleiß und Interesse.	*Er war eifrig, aber nicht besonders tüchtig.*
■ Mit seinen Vorgesetzten ist er gut zurechtgekommen.	*Er ist ein Mitläufer, der sich gut anpasst.*
■ Er war tüchtig und wusste sich gut zu verkaufen.	*Er ist ein unangenehmer Mitarbeiter.*
■ Wegen seiner Pünktlichkeit war er stets ein gutes Vorbild.	*Er war in jeder Hinsicht eine Niete; seine Leistungen liegen unter dem Durchschnitt.*
■ Wir haben uns im gegenseitigen Einvernehmen getrennt.	*Wir haben ihm gekündigt, bzw. ihm nahe gelegt selbst zu kündigen.*

■ Im Kollegenkreis galt er als toleranter Mitarbeiter.	*Für Vorgesetzte war er ein schwerer Brocken.*
■ Wir lernten ihn als umgänglichen Mitarbeiter kennen.	*Viele Mitarbeiter sahen ihn lieber gehen als kommen.*
■ Er ist ein zuverlässiger/gewissenhafter Mitarbeiter.	*Er ist zur Stelle, wenn man ihn braucht, aber er ist nicht immer brauchbar.*
■ Durch seine Geselligkeit trug er zur Verbesserung des Betriebsklimas bei.	*Er neigt zu übertriebenem Alkoholgenuss.*
■ Für die Belange der Belegschaft bewies er stets Einfühlungsvermögen.	*Er sucht sexuelle Kontakte bei Betriebsangehörigen.*

Weitere Warnsignale

Einige weitere Feinheiten der Zeugnissprache gelten als Warnsignale:

- Unwichtige vor wichtiger Aussage: Er war als Einkäufer für die Beschaffung von Büromaterial, Werkzeugen und Maschinen zuständig. *(Man kann ihm nichts Wichtiges anvertrauen.)*
- Nennung von Belanglosigkeiten: Er gibt klare Anweisungen. *(Sonst war nicht viel von ihm zu erwarten.)*
- Die Geltung einer Aussage wird eingeschränkt: Er engagierte sich in unserem Verband und galt dort als Fachmann. *(Aber nicht bei uns.)*
- Verwendung mehrdeutiger Begriffe und leerer Phrasen: Er ist ein anspruchsvoller und kritischer Mitarbeiter. *(Nörgler)*
- Übermäßige Benutzung des Passivs: wurde eingestellt, wurde übertragen, wurde versetzt. *(Keine Initiative, antriebslos.)*
- Verneinung des Gegenteils: Er erzielte nicht unbedeutende Umsatzsteigerungen. Oder: Sein Verhalten war nicht zu beanstanden. *(Keine nennenswerten Leistungen.)*

Lichtbild

Ein Foto gehört grundsätzlich zu jeder Bewerbung. Betrachten Sie es nicht als unnützes Beiwerk, das man schnell mal am Passbildautomaten machen kann. Manchmal kann ein Foto sogar den Ausschlag für die Einladung zum Vorstellungsgespräch geben. Schießlich ist es das erste Bild, das der Empfänger von Ihnen bekommt. Wie heißt es so schön: „Ein Bild sagt mehr als 1000 Worte."

Der „erste Eindruck"

Das Lichtbild hat zwar vorwiegend subjektive, aber gerade deshalb oft entscheidende Bedeutung. Jeder reagiert darauf, wie sein Gegenüber aussieht. Wer auf dem Foto gut aussieht, hat bessere Karten mit seiner Bewerbung Erfolg zu haben, besonders dann, wenn dem Personalchef wenig andere Informationen über den Bewerber vorliegen oder die Bewerber ansonsten annähernd Gleiches zu bieten haben. Denn auch im Bewerbungsverfahren gibt es etwas wie „Sympathie auf den ersten Blick".

Denken Sie bei der Auswahl des Fotos daran, dass es einen positiven und sympathischen Eindruck beim Empfänger erzeugen sollte. Dazu gehört ein freundliches Gesicht ebenso wie korrekte Kleidung. Gerade in Berufen, wo es auf das Äußere ankommt, kann man mit dem Foto zeigen, dass man sich auch der Anforderungen der beruflichen Kleiderordnung bewusst ist. Das gilt besonders in Berufen mit Kundenkontakt und Publikumsverkehr.

Verwenden Sie keine Automatenfotos, denn sie lassen jede Person unvorteilhaft erscheinen. Gehen Sie statt dessen zu einem guten Fotografen. Das ist zwar etwas teurer, aber es wird sich für Sie lohnen. Ob man ein Schwarzweiß- oder ein Farbfoto verwendet, kann eigentlich jeder nach seinem Geschmack entscheiden. Auf keinen Fall sollten Sie ein Urlaubsfoto verwenden, auch wenn es Ihnen noch so gut gefällt.

Das Format des Fotos sollte Passbildgröße haben, manchmal schadet es nicht ein etwas größeres Format zu verwenden.

Das Foto sollte möglichst nicht älter als ein Jahr sein. Schreiben Sie unbedingt auf die Rückseite des Fotos Ihren Namen und Ihre Anschrift, denn es kann sich schon mal selbstständig machen und kann dann nicht mehr eingeordnet werden.

Das Foto sollte in der rechten oberen Ecke des Lebenslaufes mit etwas Klebstoff oder mit Klebepunkten befestigt werden, sodass man es später wieder ablösen kann. Verwenden Sie möglichst keine Büroklammern, denn sie hinterlassen Kerben auf dem Foto und machen es unbrauchbar für eine eventuelle Wiederverwendung.

Arbeitsprobe(n)

Arbeitsproben beweisen die fachliche Qualifikation besser als viele Worte. Sie sind deshalb für die Werbung in eigener Sache besonders gut geeignet.

Branchenüblich

Üblich sind Arbeitsproben besonders in künstlerischen und grafischen Berufen, wo Beispiele eigener Arbeiten das eigene Können überzeugender unterstreichen können als die anderen Bewerbungsunterlagen. Dazu gehören selbst erstellte Anzeigen, Plakate, Zeichnungen, Pläne, Entwürfe, Fotos, eigene Zeitungsartikel und Veröffentlichungen in Fachzeitschriften. Der Bewerber sollte allerdings nur ausgewählte Arbeiten als Beweise des eigenen Könnens vorlegen, z. B. Arbeiten, die bei Wettbewerben mit Preisen ausgezeichnet wurden. Stecken Sie die Arbeitsproben in Klarsichthüllen und kommentieren Sie diese, falls es notwendig ist.

Referenzen

In seltenen Fällen passiert es, dass der Bewerber in der Anzeige aufgefordert wird Referenzen anzugeben. Darunter versteht man Vertrauenspersonen, die positive Auskünfte über den Bewerber geben können. Besonders bei der Besetzung von höheren Positionen möchten sich Firmen durch das Einholen zusätzlicher Informationen über die fachliche Qualifikation und ebenso über Charaktereigenschaften des Bewerbers absichern. Personen, die als Referenzadressen infrage kommen, müssen aufgrund ihrer beruflichen oder gesellschaftlichen Stellung in der Lage sein ein qualifiziertes Urteil abgeben zu können und glaubwürdig sein. Das sind vor allem frühere Vorgesetzte und Chefs, aber auch Lehrkräfte.

Referenzpersonen

Bevor Sie jemanden als Referenzadresse angeben, sollten Sie sich erkundigen, ob er dazu bereit ist. Außerdem müssen Sie natürlich sicher sein, dass die Beurteilung positiv ausfallen wird.

Schriftprobe

In manchen Stellenangeboten wird der Bewerber aufgefordert handgeschriebene Bewerbungsunterlagen bzw. eine Schriftprobe einzusenden. Dann kann es vorkommen, dass der Betrieb ein grafologisches Gutachten durch einen Schriftpsychologen einholt.

Berufsmäßige Grafologen versuchen aus dem Schriftbild Erkenntnisse über die Eignung des Bewerbers für eine bestimmte Stelle und seinen Charakter zu gewinnen. Solch ein Schriftgutachten gibt z. B. Aufschluss über die geistigen Fähigkeiten, Fleiß, Ausdauer, Kontaktfähigkeit, Durchsetzungsvermögen, Führungsqualitäten. Der Wert der Schriftanalyse ist allerdings umstritten.

Graphologisches Gutachten

Wenn von Ihnen eine Schriftprobe verlangt wird, beachten Sie Folgendes:

- Versuchen Sie nicht Ihre Schrift zu verstellen oder besonders schön zu schreiben, denn das werden erfahrene Grafologen schnell erkennen.
- Schreiben Sie die Schriftprobe möglichst mit einem Federhalter. Benutzen Sie weißes, unliniertes Papier. Achten Sie auch auf eine ansprechende Form: Lassen Sie gleichmäßige

Ränder, die Zeilen sollten gleichmäßige Abstände haben und nicht übermäßig geneigt sein.

- Schreiben Sie einen Text, der nicht länger als eine Seite umfasst. Besser als irgendwelche Zeitungsartikel abzuschreiben ist es in der Schriftprobe weitere Informationen über die eigene Person und den beruflichen Werdegang zu geben.

Schließlich sollten Sie eine Schriftprobe niemals aus freien Stücken beifügen, sondern nur, wenn es ausdrücklich verlangt wird.

Verpackung der Bewerbungsunterlagen

Reihenfolge

Vor dem Verpacken müssen die einzelnen Blätter Ihrer Bewerbung geordnet werden. Das Anschreiben liegt immer lose obenauf. Danach folgen der Lebenslauf mit Lichtbild und die Zeugnisse, wobei das aktuellste Zeugnis oben liegt.

Die einzelnen Unterlagen werden dann in eine Bewerbungsmappe einsortiert. Dafür werden im Bürohandel Klarsichthüllen, Sichthefter, Klemm- und Spannmappen angeboten.

Es ist übertrieben die Unterlagen einzeln in Klarsichthüllen zu stecken. Unangebracht sind auch Schnellhefter, weil es für den Leser sehr unbequem ist einzelne Unterlagen zum Vergleichen herauszunehmen. Am besten ist es die geordneten Unterlagen in eine Klemmappe aus Kunststoff zu stecken. Dabei sind die Unterlagen geschützt und der Leser kann sie gut durchblättern und gegebenenfalls herausnehmen.

Stecken Sie alles in einen DIN-A4-Umschlag mit kartoniertem Rücken, damit Ihre Unterlagen unzerfleddert ankommen. Der eigene Absender und die Firmenanschrift müssen gut lesbar und fehlerfrei sein. Achten Sie auf eine ausreichende Frankierung Ihrer Bewerbung. Verzichten Sie auf Einschreiben, denn sie verursachen nur unnötige Kosten.

CHECKLISTE Bevor Sie den Umschlag zukleben ...

- ☐ Ist das Anschreiben sauber und fehlerfrei?
- ☐ Ist der Name des Empfängers richtig geschrieben?
- ☐ Haben Sie die Unterschrift nicht vergessen?
- ☐ Ist der Lebenslauf datiert und unterschrieben?
- ☐ Sind die Unterlagen vollständig?
- ☐ Haben Sie eine Kopie (oder Zweitschrift) von Anschreiben und Lebenslauf?

Nach der Bewerbung

Wartefrist: bis zu vier Wochen

Nach dem Absenden der Bewerbung müssen Sie erst einmal abwarten. Haben Sie nach etwa vier Wochen weder einen Zwischenbescheid noch eine andere Rückmeldung bekommen, sollten Sie das Unternehmen schriftlich oder telefonisch an die Bewerbung erinnern und sich nach dem Bearbeitungsstand erkundigen.

Leider muss man heute die Feststellung machen, dass ein laxerer Umgang mit Bewerbungen und Unterlagen zum Bewerbungsalltag gehört. Der Bewerber muss damit rechnen, dass seine Unterlagen überhaupt nicht, verspätet, unvollständig oder in schlechtem Zustand zurückkommen.

Erhalten Sie nach einiger Zeit Ihre Unterlagen mit einer Absage zurück, ist das zwar enttäuschend, aber Sie sollten bedenken, dass immer nur ein kleiner Teil der Bewerber auf eine Stellenanzeige die Einladung zum Vorstellungsgespräch bekommt. Eine Quote von 50 Ablehnungen auf eine Einladung ist bei Hochschulabsolventen heute keine Seltenheit.

Haben Sie allerdings schon mehrfach Absagen erhalten, sollten Sie Ihre Bewerbungen überdenken und analysieren, welche Fehler Sie möglicherweise gemacht haben.

Aus den Absagebriefen erfahren Sie üblicherweise keine Gründe für die Ablehnung. Darin sind nur nichts sagende Standardfloskeln enthalten, aus denen man nichts für sich entnehmen kann.

Sie sollten die Gründe erst einmal bei sich suchen und sich kritisch mit Ihrer Bewerbung auseinander setzen. Die beiden wichtigsten Gründe für eine Absage sind:

Fehleranalyse

- Sie können mit Ihrer *Qualifikation* die Anforderungen der ausgeschriebenen Position nicht ausreichend erfüllen. Andere Bewerber bringen bessere Voraussetzungen mit. Lesen Sie sich die Anzeige(n) deshalb noch einmal sorgfältig durch und beantworten Sie ehrlich die Frage, ob Sie für die angestrebte Stelle überhaupt der richtige Bewerber waren.
- Ihre *Bewerbungsunterlagen* entsprechen nicht den Erwartungen des Unternehmens und sind verbesserungsbedürftig. Prüfen Sie daher kritisch Form, Inhalt, Aufmachung und Vollständigkeit. Ziehen Sie gegebenenfalls auch einen Freund zu Rate. Bitten Sie auch Ihn um eine kritische Prüfung Ihrer Unterlagen. Vielleicht fallen ihm Dinge auf, die Ihnen selbst gar nicht bewusst werden.

Personalfragebogen

Es passiert häufig, dass Sie einige Zeit nach dem Absenden der Bewerbung zuerst einmal einen Personalfragebogen zugeschickt bekommen.

Für viele Bewerber ist das Ausfüllen des Fragebogens eine scheinbar überflüssige Angelegenheit, vor allem dann, wenn die meisten Angaben schon aus den eingesandten Unterlagen hervorgehen. Für die Unternehmen bietet der Fragebogen aber den Vorteil, dass von allen Bewerbern einheitliche und damit vergleichbare Angaben vorliegen und auch Antworten zu Fragen eingeholt werden können, die normalerweise nicht mit der Bewerbung beantwortet werden.

Vergleichbarkeit der Angaben

Da Ihnen nichts anderes übrigbleibt, als den Fragebogen auszufüllen, erledigen Sie das sorgfältig und achten Sie darauf, dass zwischen den Angaben im Fragebogen und in Ihren Bewerbungsunterlagen (von denen Sie sich selbstverständlich Kopien gemacht haben) keine Unterschiede auftreten.

Bewerbung per Telefon

Statt unaufgefordert Bewerbungsunterlagen zu verschicken ist es häufig Erfolg versprechender, erst einmal telefonisch anzufragen, ob überhaupt Interesse an einer Bewerbung besteht.

Vorteile

Sofortige Rückmeldung

Dieser Weg hat gegenüber der schriftlichen Bewerbung einige Vorteile: Sie können in kurzer Zeit eine große Zahl von Unternehmen ansprechen und erhalten im persönlichen Gespräch sofort eine Rückmeldung. Sie erfahren die Namen der zuständigen Mitarbeiter des Unternehmens und merken schnell, woran Sie sind. Außerdem können Sie Ihre Gesprächsstrategie oder Argumentation der Situation anpassen. Bei schriftlichen Bewerbungen können Sie aufgrund des größeren Schreib- und Kostenaufwands nur wenige Unternehmen anschreiben und müssen oft wochenlang auf das Ergebnis warten.

Die zweite Möglichkeit ergibt sich, wenn Sie in der Stellenanzeige das Angebot zur telefonischen Kontaktaufnahme erhalten. Dieses Angebot finden Sie fast immer in den Anzeigen von Personalberatern („Für eine erste telefonische Kontaktaufnahme steht Ihnen Herr ... gerne zur Verfügung" oder „Falls Sie vorab Fragen haben, wenden Sie sich bitte an ...").

Besonders dann, wenn es sich um Anzeigen von Personalberatern handelt, sollten Sie den angebotenen Telefonkontakt nutzen. Der Bewerber zeigt durch den Anruf Initiative und unterstreicht sein Interesse an der ausgeschriebenen Stelle. Außerdem können Sie auf diese Weise zusätzliche Informationen einholen.

Sie können so vorab klären, ob es für Sie überhaupt Zweck hat Ihre Bewerbungsunterlagen zu verschicken. Dies kann beispielsweise der Fall sein, wenn Sie eine wichtige Voraussetzung aus der Anzeige nicht erfüllen, aber dafür andere Fähigkeiten oder Merkmale zu bieten haben, die für das Unternehmen von Interesse sein könnten. Weiterhin können Sie durch geschicktes Nachfragen eine Menge zusätzlicher Informationen über das Unternehmen oder die angebotene Stelle erfahren und unter günstigen Umständen herausfinden, welche Dinge für den Auftraggeber besonders wichtig sind.

Zusätzliche Informationen

Im Anschreiben beziehen Sie sich auf das Telefonat. Außerdem können Sie Hinweise aus dem Gespräch geschickt für Ihre Darstellung nutzen: „Wie ich aus unserem Gespräch entnommen habe, kommt es Ihnen besonders auf ... an. Gerade in diesem Bereich habe ich ..."

Durch das Telefonat gewinnt Ihr eventueller späterer Gesprächspartner einen ersten Eindruck von Ihnen. Fällt dieser Eindruck positiv aus, wird er auf Ihre Unterlagen warten um weitere Informationen zu erhalten. Das wird Ihnen sicherlich einen Vorteil gegenüber anderen Bewerbern verschaffen.

Die meisten Bewerber nutzen die Möglichkeiten des Telefonkontaktes nicht richtig. Viele telefonieren nur ungern, weil Sie hier spontan reagieren müssen und Angst haben von unangenehmen Fragen überrascht zu werden, die sie nicht überzeugend beantworten können.

Wichtig für den Erfolg Ihrer Telefonaktion ist deshalb in beiden Fällen eine systematische Vorbereitung. Sie müssen sich vorher genau überlegen, wie Sie sich Ihrem Gesprächspartner überzeugend vorstellen, was Sie auf mögliche Fragen antworten und welche eigenen Fragen Sie stellen wollen.

Der Ablauf des Gesprächs

Zuerst müssen Sie sich mit dem richtigen Gesprächspartner – in größeren Unternehmen der Personalchef, Firmenchef in kleineren Betrieben – verbinden lassen. In den meisten Firmen meldet sich zuerst eine Telefonzentrale oder eine Sekretärin. Nennen Sie Ihren Namen, sagen Sie kurz, worum es geht, und lassen Sie sich mit der zuständigen Person verbinden. Hören Sie gut zu, wenn der Name genannt wird, fragen Sie gegebenenfalls nach und notieren Sie sich den Namen gleich:

Den Namen notieren

- *„Guten Tag, mein Name ist ... Ich möchte mich über die Einstellung von Hochschulabsolventen informieren. Wer ist dafür zuständig?"*

Besser ist es, Sie können den Namen des zuständigen Gesprächspartners schon vor dem Gespräch in Erfahrung bringen, denn häufig versucht man Bewerber abzuwimmeln.

Sind Sie mit der richtigen Person verbunden, können Sie mit Ihrer Vorstellung und Ihren Erkundigungen beginnen:

- *„Guten Tag, Herr ..., mein Name ist ... Ich werde in einigen Monaten mein ...studium mit dem Schwerpunkt ... beenden. Haben Sie einen Augenblick Zeit für mich?"*

Nach einer positiven Reaktion Ihres Gesprächspartners sollten Sie mit zwei oder drei weiteren Angaben zu Ihren Fähigkeiten, Ihrer Ausbildung oder Spezialkenntnissen versuchen Ihren Gesprächspartner aufmerksam und neugierig zu machen. Anschließend:

Neugierig machen

- *„Ich rufe an, weil ich mich gerne bei Ihnen bewerben möchte. Wie sehen die Möglichkeiten in dieser Hinsicht aus?"*

Beim Telefonieren kommt es entscheidend auf Ihre Stimme und Ihre sprachlichen Fähigkeiten an. Mit Ihrer Stimme müssen Sie auf Ihren Gesprächspartner einen sympathischen Eindruck machen. Ihre Sprechweise, Ihr Tonfall, Ihre Art zu antworten und Fragen zu stellen sind für den Erfolg des Gesprächs entscheidend.

Sprechen Sie ruhig, mit fester Stimme und deutlich. Hören Sie bei Fragen genau zu. Lassen Sie den anderen auf jeden Fall ausreden. Bleiben Sie auch bei unangenehmen Fragen freundlich und höflich.

Innerhalb der kurzen Zeit des Gespräches muss es Ihnen gelingen sich so überzeugend darzustellen, dass bei Ihrem Gesprächspartner ein ausreichendes Interesse geweckt wird und er Sie kennen lernen will. Der Eindruck wird umso positiver sein, je zielbewusster, knapper und präziser Sie sich vorstellen und erkundigen.

Reagiert das Unternehmen auf Ihre Anfrage positiv, versuchen Sie die Situation zu nutzen und gleich einen Termin für ein persönliches Gespräch zu vereinbaren. Ein besseres Ergebnis können Sie mit einer telefonischen Bewerbung gar nicht erzielen. Fordert Ihr Gesprächspartner zunächst Ihre Bewerbungsunterlagen an, so reichen Sie diese sofort ein. Dabei sollten Sie sich im Anschreiben auf das Telefongespräch beziehen. Wenn Sie erst einige Tage warten, wird man sich – vor allem in großen Unternehmen – wahrscheinlich nicht mehr so genau an Sie erinnern.

Unterlagen sofort einreichen

In der folgenden Checkliste sind die einzelnen Schritte für den Ablauf der telefonischen Bewerbung noch einmal zusammengefasst.

CHECKLISTE Telefonische Bewerbung

1. *Den richtigen Gesprächspartner ermitteln,*
d. h. Personalchef in größeren Unternehmen, Firmenchef in kleineren Betrieben.

2. *Begrüßung und Vorstellung*
Passen Sie bei der Nennung des Namens auf. Vergewissern Sie sich, dass Sie mit der richtigen Person verbunden sind. Wenn Sie merken, dass Sie im Moment stören, fragen Sie nach, wann der Zeitpunkt für ein Telefonat günstiger ist.

3. *Darstellung der eigenen Qualifikation*
In Ihrer Selbstdarstellung machen Sie kurze Angaben zu Ihrer Person, zum Studium, Ihren Fähigkeiten und Stärken, zur eigenen Situation und zum gewünschten Tätigkeitsbereich.

4. *Erkunden der Chancen und Einsatzmöglichkeiten*
Überlassen Sie die Befragung nicht Ihrem Gesprächspartner, sondern stellen Sie eigene Fragen um Informationen über Chancen, Einsatzmöglichkeiten und Anforderungsprofile einzuholen.

5. *Weiteres Vorgehen vereinbaren*
Zeigt Ihr Gesprächspartner Interesse, fragen Sie nach, ob Sie sich in den nächsten Tagen vorstellen können. Fordert er zunächst Bewerbungsunterlagen an, fragen Sie nach, worauf es Ihrem Gesprächspartner besonders ankommt.

6. *Positiver Abschluss*
Schließen Sie das Gespräch positiv ab. Bedanken Sie sich oder sagen Sie, dass Sie sich auf das persönliche Gespräch freuen.

Richtige Gesprächsführung

Psychologisch vorgehen

Entscheidend für den Erfolg des Telefonats ist es, dass Sie mit Ihrer Selbstdarstellung Interesse bei Ihrem Gesprächspartner wecken. Dabei müssen Sie berücksichtigen, dass die meisten Personalchefs nicht viel Zeit haben. Deshalb müssen Sie in wenigen Sätzen die Argumente, die für Sie sprechen, vortragen. Es ist nützlich, wenn Sie das bereits vorgestellte AIDA-Modell der Werbewirkung im Hinterkopf haben und sich daran orientieren:

- Es muss Ihnen zunächst gelingen die Aufmerksamkeit *(attention)* Ihres Gesprächspartners auf sich zu ziehen, damit er Sie nicht sofort abwimmelt und auflegt.
- Mit Ihrer Vorstellung müssen Sie sein Interesse *(interest)* erwecken. Das Interesse zeigt sich in Fragen, die er an Sie richtet um mehr von Ihnen zu erfahren.
- Wenn Sie auf die Fragen Ihres Gesprächspartners überzeugende Antworten geben, wird bei ihm der Wunsch *(desire)* entstehen Sie kennen zu lernen.
- Ihr Ziel ist es Ihren Gesprächspartner dazu zu bewegen Sie zum Vorstellungsgespräch einzuladen *(action)*.

Fragen signalisieren Interesse

Stellt Ihr Gesprächspartner im Anschluss an Ihre Vorstellung Fragen, signalisiert er damit Interesse an Ihrer Person. Achten Sie darauf, dass Sie sich im weiteren Verlauf des Gesprächs nicht in die Defensive drängen lassen und die Befragung ganz Ihrem Gesprächspartner überlassen. Wichtig ist es durch eigene Fragen das Gespräch mitzugestalten. Fragen zu stellen bietet im Gespräch immer eine Reihe von Vorteilen: Sie zeigen damit Ihr Interesse und erhalten die Informationen, die Sie brauchen. Durch eigene Fragen halten Sie das Gespräch in der Hand und steuern es in die gewünschte Richtung.

Ihre generelle Gesprächstaktik sollte es deshalb sein, dass Sie Ihrem Gesprächspartner kurz antworten und an die Antwort eine Frage anschließen. Damit halten Sie das Gespräch in Gang und können Informationen über das Unternehmen sowie über mögliche Chancen und die Erwartungen an einen Bewerber herausfinden. Diese Angaben können Ihnen als Anknüpfungspunkte für die Darstellung Ihrer Fähigkeiten und Leistungen nützlich sein.

Einwände entkräften

Häufig wird es vorkommen, dass Sie im Verlauf des Gespräches mit Einwänden Ihres Gesprächspartners fertig werden müssen. Vermeiden Sie jede Konfrontation. Am ehesten können Sie bei Einwänden gewinnen, wenn Sie zunächst Verständnis für den Gesprächspartner signalisieren oder ihm zustimmen. Beginnen Sie Ihre Antwort deshalb mit „Ihre Argumente verstehe ich“, „ich stimme Ihnen hier zu“, „selbstverständlich“. Anschließend folgt dann ein „aber“ oder „allerdings sollten Sie jedoch auch berücksichtigen, dass ...“, womit Sie Ihren Standpunkt einleiten.

Vorbereitung des Gesprächs

Es wurde schon gesagt, wie wichtig eine gute Vorbereitung des Telefonats für den Erfolg ist. Sie müssen genau wissen, was Sie mit dem Telefonat erreichen wollen, wie Sie dabei vorgehen werden und was Sie sagen wollen.

Besonders wichtig ist die Vorbereitung Ihrer Selbstdarstellung. Am besten macht man das schriftlich. Schreiben Sie in Stichworten Ihre Fähigkeiten, Stärken und möglichen Vorteile für den Arbeitgeber auf. Sprechen Sie sich Ihre Darstellung anhand der Notizen laut vor.

Schriftliche Vorbereitung

Überlegen Sie sich auch, welche Fragen Ihr Gesprächspartner stellen könnte und wie Sie darauf überzeugend reagieren könnten.

Besonders zu den folgenden Themen sollten Sie Ihre Antworten gut vorbereiten:

- Ausbildungsweg und Studium (Studienschwerpunkte, Fächerkombination, Diplomarbeit)
- besondere Fähigkeiten und Kenntnisse
- Praxiserfahrungen, Praktika, Nebenjobs
- fachliche und persönliche Stärken
- Gründe für das Interesse an dem Unternehmen
- möglicher Eintrittstermin
- Mobilität.

Einen Zettel mit Notizen zu Ihrer Person und mit den eigenen Fragen sollten Sie später neben das Telefon legen. So werden Sie nicht so leicht durch den Ablauf des Gesprächs überrollt und vergessen weder vorteilhafte Angaben über sich noch die eigenen Fragen.

Für Ihr Verhalten beim Gespräch sollten Sie Folgendes beachten:

Rahmenbedingungen

- Sorgen Sie dafür, dass Sie ungestört telefonieren können. Telefonieren Sie deshalb nicht von öffentlichen Telefonzellen aus.
- Vermeiden Sie auch störende Geräusche (Hintergrundmusik, Kauen, Schlürfen usw.).
- Legen Sie sich alles zurecht: Zettel mit Notizen zur Selbstdarstellung und den eigenen Fragen, Ihren Lebenslauf, Papier und Stift, die Zeitungsanzeige.
- Fragen Sie nicht nach Dingen, die schon aus der Anzeige ersichtlich sind.
- Geben Sie keine unklaren oder ausweichenden Auskünfte.
- Täuschen Sie keinen Zeitdruck vor, wenn es um die Terminabstimmung für ein Gespräch geht.

- Hat Ihr Gesprächspartner einen ungewöhnlichen Namen, fragen Sie nach der richtigen Schreibweise.

Übungsmöglichkeiten

Da Ihnen anfangs die Routine noch fehlen wird, ist es sinnvoll, zunächst weniger attraktive Firmen anzurufen, wo Ihnen ein Misserfolg nicht so viel bedeutet. Sind Sie dann richtig fit, rufen Sie die Wunschfirmen an.

Sie müssen bei Ihren Telefonaten mit vielen Absagen rechnen, weil kein Bedarf vorhanden ist. Stellt das Unternehmen zur Zeit niemanden ein, sollten Sie nach Tipps fragen, die Ihnen weiterhelfen. Das ist besonders viel versprechend, wenn Sie merken, dass Ihre Selbstdarstellung gut angekommen ist. Mögliche Fragen sind:

- Wann sollte ich mich wieder bei Ihnen melden?
- Können Sie mir einen Tipp geben, wo ich mich sonst noch bewerben könnte?
- Hat es Zweck, wenn ich mich an einem anderen Standort Ihres Unternehmens/bei Ihrer Tochtergesellschaft bewerbe?

Das Stellengesuch

Statt auf ein passendes Stellenangebot zu warten, kann man selbst aktiv werden und mit einer eigenen Anzeige eine Stelle suchen.

Wann lohnt sich ein Stellengesuch?

Besondere Qualifikationen?

Aufgrund der ungünstigen Arbeitsmarktsituation für Akademiker sind die Erfolgsaussichten von Stellengesuchen zur Zeit nicht gut. Deshalb lohnt sich ein Stellengesuch nur, wenn Sie etwas Besonderes zu bieten haben und es Ihnen gelingt sich gut zu verkaufen. Das bedeutet, dass Sie wie bei der Bewerbung mit Ihren Fähigkeiten und Kenntnissen Werbung für sich machen müssen, damit Sie bei den infrage kommenden Firmen Neugierde und Interesse erwecken. Somit ist ein Stellengesuch eine Bewerbung in ihrer kürzesten Form.

Denken Sie dabei nicht so sehr an sich selbst und daran, was Sie suchen. Versuchen Sie sich vielmehr in die Lage des Lesers zu versetzen und machen Sie sich Gedanken darüber, was die Firmen interessieren könnte, die Sie mit Ihrer Anzeige ansprechen wollen. Greifen Sie deren Probleme auf und bieten Sie sich mit Ihrer Qualifikation als Lösung an.

Wenn auf Ihr Stellengesuch Anfragen von Firmen kommen, müssen Sie den interessierten Unternehmen in der Regel Ihre vollständigen Bewerbungsunterlagen zuschicken, denn Sie bleiben weiterhin Bewerber. Bereiten Sie deshalb mehrere komplette Bewerbungsunterlagen vor, damit Sie schnell reagieren können.

Was gehört in die Anzeige?

Positiv auffallen

Eine gute Anzeige muss durch Inhalt und Gestaltung einen positiven Eindruck erzeugen und den Leser neugierig machen. Dazu müssen Sie Folgendes beachten:

- Der Text Ihrer Anzeige muss ausreichend informativ, aber trotzdem kurz sein, da jede Zeile Ihr Geld kostet.
- Die Anzeige muss optisch wirkungsvoll gestaltet sein und sich möglichst vorteilhaft von den Texten der Umgebung abheben.

Damit der Leser ausreichende Informationen erhält, müssen die Qualifikation und die angestrebte Position des Bewerbers immer eindeutig aus der Anzeige hervorgehen. Ihre Anzeige muss deshalb grundsätzlich über folgende drei Punkte Auskunft geben:

- Wer sind Sie? (Berufsbezeichnung/akad. Grad, persönliche Angaben)
- Was haben Sie zu bieten? (Kenntnisse, Fähigkeiten, Erfahrungen)
- Was suchen Sie? (angestrebte Position/Aufgabe)

Aus der Anzeige muss Ihr Eignungsprofil möglichst klar hervorgehen. Überlegen Sie sich, mit welchen Ihrer Fähigkeiten und Eigenschaften Sie besonders auf sich aufmerksam machen können. Sorgen Sie dafür, dass der Text leicht lesbar ist, und überprüfen Sie die Aussagekraft Ihres Entwurfs, indem Sie ihn Dritten vorlegen

Die folgende Checkliste enthält eine ausführliche Aufstellung der Angaben, die für ein gutes Stellengesuch wichtig sind:

CHECKLISTE Stellengesuch

- □ Berufsbezeichnung (akad. Titel, Funktion, Position)
- □ persönliche Angaben (z. B. Alter)
- □ Ausbildung (Studium, Schwerpunkte)
- □ Berufserfahrungen (Art und Dauer der Tätigkeiten)
- □ Branchen- und Spezialkenntnisse
- □ persönliche Stärken
- □ angestrebte Aufgabe/Position
- □ eventuell Eintrittstermin
- □ Mobilität

Schlagzeile, Text und Format

Zu einem guten Stellengesuch gehört immer eine zugkräftige Überschrift. Diese Schlagzeile soll dem Leser auf den ersten Blick etwas über den Inserenten sagen. In erster Linie eignet sich dafür Ihre Berufsbezeichnung oder die von Ihnen angestrebte Aufgabe.

Ungeeignete Schlagzeilen

Wichtig ist es bei den Formulierungen Allerweltsbegriffe und nichts sagende Formulierungen zu vermeiden. Mit Formulierungen wie „Topmann, Allround-Kaufmann, Generalist, reife Persönlichkeit" kann der Leser nichts anfangen. Ungeeignet sind auch Schlagzeilen in Frageform oder Mitleidsappelle: „Wer bietet mir…?, Wo finde ich…?, Wer braucht flexiblen Hochschulabsolventen? Wer gibt mir eine Chance?"

Bewerben Sie sich als Berufsanfänger mit gerade bestandenem Examen, können Sie Ihren akademischen Titel als Überschrift wählen, z. B.:

- Diplom-Kaufmann
- Dipl.-Ingenieur (FH), Fertigungstechnik
- Diplom-Psychologin
- Slawistik-Magister.

Vermeiden Sie am Schluss die häufig gebrauchten, aber nichts sagenden Formulierungen „... sucht passenden (geeigneten) Wirkungskreis“ bzw. „passende Aufgabe“. Hier ist nicht klar, was der Inserent überhaupt sucht. Anscheinend weiß er selbst nicht, wofür er geeignet ist. Sagen Sie statt dessen möglichst deutlich, was Sie zu bieten haben und was Sie suchen.

Klare Zielvorstellung

Mit Abkürzungen sollte man im Text sparsam umgehen. Der Text muss leicht lesbar und verständlich bleiben. Verwenden Sie nur gebräuchliche Abkürzungen. Wenn Sie dem Leser Rätsel aufgeben, wird er das Gesuch schnell beiseite legen. Überlegen Sie sich lieber genau, auf welche Angaben es ankommt und wo Sie Überflüssiges weglassen können.

Den Abschluss der Anzeige bildet die Chiffre-Angabe. Sie ist sinnvoller als die Angabe einer Telefonnummer, denn Sie müssen dann nicht jederzeit telefonisch erreichbar sein.

Wählt man die Anzeige zu klein, wird sie nicht beachtet. Ist die Anzeige größer, fällt sie eher auf, kostet aber auch mehr. Man sollte das Format der Anzeige so wählen, dass es zur gesuchten Position in einem angemessenen Verhältnis steht. Für Hochschulabsolventen ist deshalb gewöhnlich eine zweispaltige Anzeige das richtige Format mit dem Vorteil, dass man eine ausreichend große Überschrift platzieren kann.

Wo können Sie inserieren?

Regionale Tageszeitungen: Der beste Weg ist zunächst ein Gesuch in der regionalen Presse aufzugeben. Das bietet sich an, wenn Sie an Ihrem Wohnort oder in der näheren Umgebung einen neuen Arbeitsplatz suchen.

Zunächst regional

Überregionale Tageszeitungen: Sind Sie bereit in der gesamten Bundesrepublik oder im Ausland zu arbeiten und haben Sie besondere Qualifikationen anzubieten, kommen für Sie auch überregionale Zeitungen in Frage. Die Kosten für eine Anzeige sind dort zwar höher, dafür bieten sich Ihnen wesentlich mehr Chancen.

Geringere Streuverluste

Fachzeitschriften: In Fachzeitschriften können Sie Firmen einer Branche viel gezielter ansprechen. Hier müssen Sie natürlich Ihre Fachkenntnisse deutlich herausstellen. Für fast jede Berufsgruppe gibt es eigene Fachpublikationen, die meistens auf den letzten Seiten einen Markt mit Stellenangeboten und -gesuchen haben.

Was kostet ein Stellengesuch?

Höhe mal Breite

Die Kosten für eine Anzeige können je nach Größe und Gestaltung der Anzeige sowie Auflagenhöhe der Zeitung sehr unterschiedlich sein. Sie werden in der Regel nach der Höhe und Breite der Anzeige berechnet. Dabei bezieht sich der Millimeterpreis auf die Höhe von einem Millimeter bei einer Breite von 45 Millimetern (einspaltig).

Dazu kommen allerdings noch die Chiffre-Gebühren für die Bearbeitung und die Zusendung der Zuschriften sowie die gesetzliche MwSt.

Kostenbeispiele:

Zeitung	mm-Preis	Chiffre
Frankfurter Allgemeine Zeitung	5,40	15,00
Süddeutsche Zeitung	4,30	15,00
VDI-Nachrichten	4,50	22,00
Die Zeit	7,35	18,00

Der Preis einer einspaltigen Anzeige mit der Höhe 30 mm bei der FAZ errechnet sich demzufolge:

30 mm x 1 Spalte x 5,40 DM
+ 15 DM Chiffregebühr
+ 15% MwSt.
= 203,55 DM

Häufig werden auch verbilligte Festpreise für Standardgrößen angeboten.

Die Anzeigen werden bei den meisten Zeitungen telefonisch von der Anzeigenannahme entgegengenommen. Die Telefonnummer steht im Impressum jeder Zeitung. Manche Zeitungen drucken auch Bestellformulare für Stellengesuche ab. Die folgenden Beispiele für Stellengesuche sollen Ihnen zeigen, wie Sie Ihre Anzeige inhaltlich abfassen können.

Anzeigenbeispiele

Dipl.-Betriebswirtin (FH)

28 J., led., flexibel, kfm. Ausbildung, 1,5-jährige Berufstätigkeit in einem Dienstleistungsunternehmen, Diplom 12/93 (Note: 1,4), Schwerpunkte: Marketing, Außenwirtschaft, Struktur- und Entwicklungspolitik, franz. Uni-Diplom Licence de Sciences Eco., diverse Praktika in Frankreich, fließend Französisch, sehr gute PC-Kenntnisse, sucht Einstieg im Marketing/Vertrieb/Außenhandel (vorzugsweise auf franz. Markt gerichtet, auch Auslandseinsatz mgl.)

Zuschriften unter

Dipl.-Ing. (FH) Elektrotechnik

28 J., led., ortsungeb., Ausbild. zum Elektroinstallateur, Dipl. FH Gelsenk. 9/93, Diplomarbeit „sehr gut", Abschluß 1,9, Studienschwerpunkte: MSR, Leistungselektr. und elektr. Antriebe, elektr. Maschinen, Automatisierungstechnik, el. Energieerzeugung und -verteilung. EDV: TP, Assembler, SPS, gängige Software; sucht Tätigkeit in den Bereichen Projektierung, Inbetriebnahme, Service oder Planung.

Zuschriften unter

Assistentin der Geschäftsleitung

Dipl.-Betriebswirtin (BA), 27 J., Studienschwerpunkte: Logistik, Marketing, Allgem. BWL, Unternehmenspolitik, Kostenrechnung, mehrjährige Berufserfahrung: AD/Logistik, Engl. u. Franz. fließend, Span. Abiturkenntnisse, flexibel und belastbar, sucht anspruchsvolle Herausforderung als Assistentin der Geschäftsleitung im Raum Rhein-Main. Zuschriften erbeten unter

Dipl.-Ing. Maschinenbau/Fertigungstechnik

28 J., ledig, praxis- und teamorientiert, flexibel, ortsungebunden

Studium:	FH Dortmund, 8 Sem., Abschluss „gut", Diplom 10/93 „sehr gut"
Schwerpunkte:	Fertigungsplanung, -steuerung und -automatisierung
Berufserfahrung:	Kfz-Schlosser mit mehrj. Berufserfahrung, Anlagenbau, Werkzeugherstellung, SPS-Steuerung, Führung und Organisation eines Produktbereichs in der Serienfertigung
Weiterbildung:	REFA-Sachbearbeiter, SFI (Teil 1), Simulationstechniken, Marketing und Vertrieb
Kenntnisse:	sichere Anwendung von PC, Auto-CAD, SAP und DTP-Technik, Pflichtenhefterstellung für Handhabungssysteme, innerbetriebliche Logistik, Verpackungstechnik

sucht Einstiegsposition im Bereich: Produktionstechnik und -optimierung, Fertigungsplanung und -steuerung, Projektierung, Industrial Ingineering.

Angebote erb. unter

Psychologische Eignungstests

Viele Unternehmen verlassen sich nicht allein auf die Auswertung der Bewerbungsunterlagen und die Durchführung von Vorstellungsgesprächen, sondern führen zusätzlich psychologische Testverfahren durch um die geeigneten Bewerber auszuwählen.

Warum werden Tests eingesetzt?

Leistung und Persönlichkeit

Mit Tests wollen die Unternehmen vor allem Aufschluss über solche Leistungs- und Persönlichkeitsmerkmale des Bewerbers gewinnen, die aus den Bewerbungsunterlagen nicht hervorgehen. Deshalb müssen sich nicht nur Ausbildungsplatzbewerber, sondern auch Hochschulabsolventen und angehende Fach- und Führungskräfte häufig bei Intelligenz-, Leistungs- und Persönlichkeitstests oder einem Assessment-Center bewähren.

Das Interesse der Unternehmen an geeigneten Auswahlverfahren ist wegen der Kosten, die mit der Einstellung von Mitarbeitern verbunden sind, sehr hoch. Denn bei jeder Personalauswahl besteht das Risiko einer Fehlentscheidung, wenn sich nach der Anstellung herausstellt, dass der Bewerber die gewünschten Eigenschaften und Fähigkeiten nicht besitzt. Die Folgen solcher Fehlentscheidungen sind umso größer, je qualifizierter die zu besetzende Position ist. Von Unternehmensseite versucht man daher, mit psychologischen Eignungstests dieses Risiko möglichst gering zu halten und die Entscheidung abzusichern.

Nutzen für den Bewerber

Testverfahren können aber auch für den Bewerber von Nutzen sein. Denn es ist ihm auch nicht damit gedient, wenn er mit seinen Leistungen die Anforderungen der Stelle später nicht erfüllen kann. Ein Test kann ihm helfen seine Qualifikation und die eigenen Stärken und Schwächen besser zu erkennen. Das gilt allerdings nur dann, wenn es sich um einen seriösen Test handelt, der fachgerecht und ordnungsgemäß eingesetzt wird.

Was ist ein Test?

Systematik der Methode

Unter psychologischen Tests versteht man systematische Verfahren, mit denen man die Ausprägung bestimmter Persönlichkeits- und Verhaltensmerkmale messen kann. Jeder Test besteht aus unterschiedlichen Aufgaben bzw. Fragen. Aus der Art und Weise, wie diese Aufgaben beantwortet werden, kann man Schlussfolgerungen ziehen, wie sich der Teilnehmer voraussichtlich bei vergleichbaren Anforderungen in realen Alltagssituationen verhalten wird.

Die Testergebnisse führen aber immer nur zu Aussagen über Teilbereiche der Persönlichkeit, sie gelten nur in Bezug auf bestimmte Fragestellungen. Eignungstests werden zur Auswahl geeigneter Bewerber und zur Prognose des Berufserfolgs eingesetzt. Sie sind nicht allein ausschlaggebend für eine Einstellung, sondern sollen im Zusammenhang mit den Bewerbungsunterlagen und dem Vorstellungsgespräch die Personalauswahl untermauern.

Qualitätsmerkmale von Tests

Unterschiede zu „Selbst Gestricktem"

Aussagefähige und seriöse Eignungstests werden von Diplom-Psychologen mit wissenschaftlichen Methoden entwickelt und müssen eine Reihe von Anforderungskriterien erfüllen. Dadurch unterscheiden sie sich von den vielen selbst gestrickten Tests, die häufig von Laien zusammengestellt werden und die aus einer willkürlichen Ansammlung von Aufgaben bestehen. Die Anwendung solcher Tests ist äußerst fragwürdig, da ihre Aussagekraft sehr zweifelhaft ist. Allerdings sind selbst gestrickte Tests und nicht fachgerecht durchgeführte Eignungsuntersuchungen in Unternehmen oft anzutreffen. Sie tragen dazu bei, Tests pauschal in der Öffentlichkeit in Misskredit zu bringen.

Erkundigen Sie sich deshalb beim Testleiter danach, inwieweit die eingesetzten Testverfahren die üblichen Gütekriterien erfüllen. Darunter versteht man folgende Anforderungen:

1. Der Test muss geeicht sein.
Wissenschaftliche Testverfahren werden vor ihrem Einsatz an einer ausreichend großen, repräsentativen Stichprobe der Bevölkerung – in der Regel mehrere tausend Personen – überprüft. Damit werden gleichzeitig die Normen festgelegt, die zur Beurteilung der individuellen Testergebnisse dienen.

2. Der Test muss objektiv sein.
Das bedeutet, dass die Testergebnisse völlig unabhängig vom Untersucher sind. Egal, wer es ist, der eine Person testet: Durchführung, Auswertung und Interpretation des Tests müssen immer gleich sein.

3. Der Test muss zuverlässig sein.
Unter Zuverlässigkeit versteht man den Grad der Genauigkeit, mit der ein Test ein bestimmtes Merkmal misst. Messungen sind dann zuverlässig, wenn die Werte unabhängig vom Zeitpunkt der Messung sind, d. h. bei wiederholten Testmessungen muss immer ein ähnliches Ergebnis herauskommen.

4. Der Test muss gültig sein.
Der Test muss das messen, was er zu messen vorgibt. Damit wird die inhaltliche Genauigkeit angesprochen, mit der der Test ein Merkmal misst.

Arten von Tests

Psychologische Eignungstests werden üblicherweise in drei Gruppen eingeteilt:

1. Intelligenztests

Mit Intelligenztests soll die intellektuelle Leistungsfähigkeit von Bewerbern ermittelt werden. Ein Problem ist dabei, dass es keine eindeutige Definition von Intelligenz gibt. Einig ist man sich darüber, dass sie sich aus mehreren relativ unabhängigen geistigen Fähigkeiten zusammensetzt. Deshalb besteht ein Intelligenztest normalerweise aus einer ganzen Reihe von Untertests, die die einzelnen Merkmalsbereiche der Intelligenz erfassen sollen. Beispielsweise werden folgende Merkmale untersucht: Auffassungsgabe, Sprachgefühl, Kombinationsfähigkeit, Abstraktionsvermögen, logisches Denken, Merkfähigkeit, Rechengewandtheit, räumliches Vorstellungsvermögen usw. Intelligenztests können allerdings nur einen Teil der Intelligenz messen. Der Bereich der Intelligenz, der im Alltagsleben zum Ausdruck kommt, kann damit nur unzureichend erfasst werden.

Mehrere Merkmalsbereiche

Bei den Testaufgaben sind meistens verschiedene Antwortmöglichkeiten vorgegeben, aus denen Sie die richtige auswählen müssen. Normalerweise haben Sie für jede Aufgabengruppe nur eine begrenzte Zeit zu Verfügung. Das Gesamtergebnis des Tests wird gewöhnlich als Intelligenzquotient (IQ) angegeben. Dabei beträgt der durchschnittliche IQ 100, mit einer Schwankungsbreite zwischen 90 und 110. Bekannte

Intelligenztests, die Ihnen begegnen können, sind der Intelligenz-Struktur-Test 70 (IST 70) und der Wilde-Intelligenz-Test (WIT).

2. Leistungstests

Allgemeine und spezielle Fähigkeiten

Leistungstests verlangen Maximalleistungen in bestimmten Bereichen. Dabei unterscheidet man Tests, die allgemeine Merkmale wie Konzentration, Aufmerksamkeit und Ausdauer, erfassen, und solche, die spezielle Fähigkeiten und Fertigkeiten messen wie beispielsweise Geschicklichkeit, technisches Verständnis oder kaufmännische Fertigkeiten. Unternehmen wollen damit die Fähigkeiten und Kenntnisse überprüfen, die für die später auszuübenden Tätigkeiten als wichtig angesehen werden.

3. Persönlichkeitstests

Wesensmerkmale

Persönlichkeitstests sollen Charakter- und Wesensmerkmale eines Menschen erfassen, aber auch Interessen, Gefühle, Vorlieben, Abneigungen und Konflikte. Unternehmen wollen sich damit beispielsweise über folgende Merkmale des Bewerbers informieren: Selbstsicherheit, Kontaktfähigkeit, Teamorientierung, Durchsetzungsvermögen, Dominanzstreben, Leistungsbereitschaft, Belastbarkeit, emotionale Stabilität, Erregbarkeit, Aggressivität, Depression, extra- oder introvertiertes Verhalten. Es geht letztlich darum festzustellen, ob sich der Bewerber in die Firma oder die Arbeitsgruppe einfügen kann und ob man mit ihm gut zusammenarbeiten kann.

Fragebogenverfahren

Gewöhnlich wird Ihnen ein Fragebogen mit einer umfangreichen Liste von Fragen oder Feststellungen vorgelegt. Anhand der Fragen müssen Sie sich selbst einschätzen. Dabei können Sie sich meistens zwischen zwei oder drei Antwortmöglichkeiten entscheiden: „stimmt“, „stimmt nicht“ und „weiß nicht“.

Jedes Merkmal wird durch 10–15 Fragen eingekreist. Normalerweise gibt es bei diesen Tests keine Zeitbegrenzung, sodass Sie in Ruhe die Fragen beantworten können. Die Ergebnisse werden in einem Profil dargestellt, das Aufschluss über die Persönlichkeitsstruktur gibt.

Persönlichkeitsfragebogen basieren darauf, dass die Fragen wahrheitsgemäß beantwortet werden. Allerdings besteht bei ihnen leichter als bei anderen Tests die Gefahr, dass die Ergebnisse absichtlich verfälscht werden. Wenn die Testperson den Sinn der Fragen durchschaut, ist es für sie nicht schwierig sich besser darzustellen oder so, wie sie meint, dass der Betrieb sie gerne hätte. Testkonstrukteure versuchen dem zu begegnen, indem sie die Fragen geschickt untereinander abstimmen und in verschiedenen Variationen wiederholen. Die meisten Tests enthalten außerdem Kontrollfragen, mit denen die Ehrlichkeit des Getesteten überprüft werden soll. Diese Fragen beschäftigen sich mit kleinen menschlichen Schwächen, von denen niemand frei ist. Gibt man solche kleinen Fehler nicht zu, wird man als unehrlich eingestuft.

Wahrheitskontrolle

Passen Sie deshalb auf bei Aussagen wie „Ich sage nicht immer die Wahrheit“ oder „Ich habe mich schon einmal verspätet“. Wenn Sie solche Fragen ständig verneinen und kleine Schwächen nicht zugeben, geht man davon aus, dass Sie sich bewusst positiv darstellen wollen und Ihre Ergebnisse insgesamt verfälscht sind.

Persönlichkeitstests sind bei der Auswahl von Hochschulabsolventen und Führungskräften stärker verbreitet als Intelligenz- und Leistungstests. Besonders beliebt ist bei Personalberatern und Firmen der aus Amerika stammende 16-PF.

16-Persönlichkeits-Faktoren-Test (16-PF)

Der 16-PF besteht aus 192 Aussagen, mit denen 16 grundlegende Persönlichkeitsmerkmale erfasst werden. Jedes Merkmal wird mit 12 Fragen eingekreist, die meistens neutral formuliert sind, sodass die Zielrichtung nicht eindeutig zu erkennen ist. Zu jeder Aussage gibt es drei Antwortmöglichkeiten: „stimmt“, „dazwischen“ oder „ stimmt nicht“. Man sollte allerdings die neutrale Antwort nicht zu oft wählen, weil dann eine sinnvolle Auswertung nicht möglich ist. Außerdem wird man dann leicht als durchschnittlich und entscheidungsschwach eingestuft.

Vereinzelt sind im Test auch Fragen zur Messung der sprachlich-logischen Intelligenz eingestreut. „Flamme verhält sich zu Hitze wie Rose zu: a) Dorn, b) rote Blütenblätter, c) Duft."

Bei der Auswertung wird das Testergebnis eines Bewerbers grafisch als Persönlichkeitsprofil dargestellt und häufig mit einem Idealprofil verglichen.

Freiburger Persönlichkeitsinventar (FPI)

Das an der Freiburger Universität entwickelte FPI besteht in seiner älteren Version aus 212 Fragen zu Befinden, Verhalten, Einstellungen, Gewohnheiten und körperlichen Beschwerden, die man mit „stimmt" oder „stimmt nicht" beantworten muss. Die neuere Fassung enthält 138 Fragen und soll die Persönlichkeit im Hinblick auf folgende zwölf Dimensionen erfassen: Lebenszufriedenheit, soziale Orientierung, Leistungsorientierung, Gehemmtheit, Erregbarkeit, Aggressivität, Beanspruchung, Körperliche Beschwerden, Gesundheitssorgen, Offenheit, Extraversion, Emotionalität.

12 Dimensionen

Unzulässige Fragen in Persönlichkeitstests

Eignungstests müssen sich auf die Untersuchung arbeitsspezifischer Merkmale beschränken. Es muss ein Zusammenhang zwischen den getesteten Merkmalen und den relevanten Anforderungen des Arbeitsplatzes gegeben sein. Eine umfassende Charakterbeurteilung und Fragen, die die Privatsphäre verletzen, sind nicht zulässig.

Bei Persönlichkeitstests besteht leicht die Gefahr, dass die Fragen zu sehr in den persönlichen Bereich gehen und die Privatsphäre verletzt wird. Einige Beispiele aus einem ziemlich umstrittenen in den USA entwickelten Test mit über 500 Fragen, dem MMPI, sollen das verdeutlichen. In diesem Test gibt es viele Fragen zur gesundheitlichen und seelischen Verfassung, zum religiösen Bereich und zum Sexualverhalten, die die Intimsphäre verletzen.

Verletzung der Privatsphäre

Hier einige Kostproben:

- 14. Einmal oder mehrmals im Monat habe ich Durchfall.
- 20. Mein Sexualleben ist zufriedenstellend.
- 27. Manchmal bin ich von bösen Geistern besessen.
- 227. Man hat mir gesagt, dass ich schlafwandele.
- 476. Ich bin ein besonderer Sendbote Gottes.
- 488. Ich bete mehrmals in der Woche.

Projektive Testverfahren

Neben den Fragebogenverfahren können Ihnen auch projektive Tests begegnen. Dabei bekommt die Testperson mehrdeutiges Reizmaterial wie Tintenkleckse, Bilder, unvollständige Zeichnungen oder Texte vorgelegt. Sie wird dann aufgefordert diese Reize zu deuten. Aus den Deutungen schließt man auf die zugrunde liegende Persönlichkeitsstruktur. Verbreitete Tests sind:

- **Rorschach-Test:** Sie müssen 10 Tafeln mit Klecksbildern interpretieren.
- **TAT:** Sie müssen zu einer Reihe von mehrdeutigen Bildern Geschichten erfinden.
- **Satzergänzungstests:** Sie müssen angefangene Sätze mit spontanen Einfällen und Gedanken ergänzen.

Ungeeignet als Instrument

Da diese Tests die wissenschaftlichen Standards nicht erfüllen, die Interpretation der Antworten völlig vom subjektiven Urteil des Testers abhängt und kein Bezug zum Berufsleben besteht, sind sie für die Bewerberauswahl absolut nicht geeignet.

Was Sie beim Test beachten sollten

Wenn Sie sich einem psychologischen Eignungstest unterziehen müssen, sollten Sie Folgendes beachten:

- Die Durchführung eines psychologischen Tests muss von einem Diplom-Psychologen geleitet werden, ansonsten können Sie die Teilnahme berechtigterweise ablehnen.

- Lassen Sie sich vom Testleiter über die Zielsetzung der Eignungsuntersuchung, über Art und Umfang des Tests und über die getesteten Eignungsmerkmale aufklären.
- Achten Sie genau auf die Anweisungen. Sehen Sie sich die Beispielaufgaben gut an. Fragen Sie nach, wenn etwas unklar ist.
- Bleiben Sie ruhig, auch wenn Sie nicht alle Aufgaben schaffen. Bei Leistungstests ist die Zeit von vornherein so knapp bemessen, dass Sie gar nicht alle Aufgaben schaffen können.

Biografische Fragebögen

Standardisiertes „Interview"

In den letzten Jahren werden immer häufiger biografische Fragebögen eingesetzt. Sie dienen dazu, die Vorauswahl der Bewerber zu optimieren. Inhaltlich sind sie vergleichbar mit dem traditionellen Einstellungsinterview, sie sind aber standardisiert und ermöglichen nach Meinung ihrer Anwender eine höhere Prognosesicherheit des Berufserfolgs als das Interview. Erfasst werden soziodemografische Merkmale, bisherige Studien- und Berufserfahrungen, Einstellungen, Aktivitäten, Interessen und Gründe für die Berufswahl.

Das Verfahren ist aus der Praxis der Auswahl von Außendienstmitarbeitern im amerikanischen Versicherungswesen entstanden. Bei der Auswertung der Fragebögen werden die Antworten mit denen erfolgreich tätiger Mitarbeiter verglichen. Dabei geht man davon aus, dass der künftige Berufserfolg umso wahrscheinlicher ist, je größer die Übereinstimmungen sind.

Assessment-Center-Verfahren

Je anspruchsvoller eine Position ist, umso sorgfältiger werden die Bewerber ausgewählt. Fachwissen allein reicht für Hochschulabsolventen heute nicht mehr aus, soziale Kompetenz und Persönlichkeit sind gefragt. Es geht um den richtigen Umgang mit Mitmenschen, um Teamfähigkeit und Führungsverhalten. Um dies festzustellen führen Unternehmen immer häufiger ein Assessment-Center durch. Dieses Verfahren wird besonders zur Auswahl von Führungsnachwuchskräften und von Außendienstmitarbeitern in Großunternehmen eingesetzt.

Nicht nur Fachwissen

Was ist ein Assessment-Center?

Ein Assessment-Center (AC) ist ein systematisches Auswahlverfahren, bei dem vorausgewählte Teilnehmer psychologische Testverfahren, Einzelinterviews, Gruppendiskussionen, Rollenspiele, Fallstudien, Präsentationen und andere Aufgaben in möglichst praxisnahen Situationen absolvieren. Die

Verhaltensleistungen der Teilnehmer werden dabei nach festen Regeln von mehreren Beobachtern in Bezug auf vorher definierte Anforderungen beurteilt. Das AC dauert in der Regel ein bis zwei Tage und wird mit maximal 12 Teilnehmern durchgeführt.

Berufsnahe Aufgabenstellung

Der Grundgedanke des Assessment-Center ist, Bewerber oder künftige Führungskräfte mit Situationen, Aufgaben und Problemen zu konfrontieren, denen sie auch im beruflichen Alltag begegnen. Die Beobachter verfolgen das Verhalten der Teilnehmer bei den verschiedenen Übungen und in den unterschiedlichsten Situationen; ihre Eindrücke und Einschätzungen halten sie dabei schriftlich fest. Dann werden die Einzelbeobachtungen zusammengetragen und – eventuell ergänzt durch spezielle Tests – zu einem Gesamtergebnis zusammengefügt, das so zur Grundlage für die Entscheidung wird, ob ein Bewerber eingestellt werden soll.

Diese Entscheidung fällt nie ein einzelner Beobachter, sondern immer das ganze Gremium, das auch als „Beobachterkonferenz“ bezeichnet wird.

Kriterium für die Auswahl der Übungen sind die Anforderungen, die die jeweiligen Positionen an die Bewerber und späteren Mitarbeiter stellen; die Anforderungen bestimmen auch, worauf die Vertreter der Unternehmen bei den einzelnen Übungen achten.

Als Ergebnis der Seminare sind detaillierte Aussagen über die Stärken und Schwächen und das Führungspotential des Bewerbers möglich.

Grundsätzlich geben alle Assessment-Center über folgende Bereiche Auskunft:

- **Fähigkeit zu systematischem Denken und Handeln**
  Intelligenz, folgerichtiges Planen und Entscheiden, Kombinationsfähigkeit, Arbeitsorganisation
- **Soziale Kompetenz**
  Kontaktverhalten, Kommunikationsfähigkeit, Teamverhalten, Beurteilungs- und Einfühlungsvermögen
- **Aktivität und Motivation**
  Arbeitsmotivation, Initiative, Kreativität, Führungspotential, Durchsetzungsvermögen, Zielstrebigkeit

- **Auftreten und Persönlichkeit**
  Äußeres Erscheinungsbild, Auftreten, Sprachgewandtheit, Überzeugungskraft, Selbstvertrauen.

Im Gegensatz zu den meisten anderen Auswahlverfahren bemüht man sich im AC um Transparenz. Die Teilmehmer werden über Zielsetzung, Ablauf und Beurteilungsmethoden informiert und erhalten abschließend Auskunft über ihr Verhalten und ihre Stärken und Schwächen.

Aufgaben und Übungen

Die Übungen eines AC werden im Hinblick auf die zu besetzende Stelle konstruiert. Mit ihrer Hilfe sollen relevante Verhaltensweisen untersucht werden, die bei den zukünftigen Aufgaben wichtig sind. Während der Übungen registrieren die Beobachter anhand von Beobachtungsbögen die vorher festgelegten Verhaltensweisen. Im Verlauf des AC ändert sich die Zusammensetzung der Kleingruppen und auch die Beobachter wechseln sich ab um das Beurteilungsverfahren möglichst objektiv zu gestalten und systematische Beurteilungsfehler zu vermeiden.
Besonders die folgenden Übungen werden im AC eingesetzt:

- **Postkorbübung**
  Typische Übung
  Die Postkorbübung fehlt in kaum einem AC. 15–30 Briefe bzw. Schriftstücke mit dienstlichen und privaten Vorfällen müssen in einer bestimmten Zeit schriftlich bearbeitet werden; z. B. müssen Entscheidungen getroffen, Stellungnahmen abgegeben und Aufgaben delegiert werden.
- **Gruppendiskussionen**
  Die Teilnehmer werden in Kleingruppen eingeteilt und bekommen Gesprächsthemen oder Probleme, die sie diskutieren und lösen müssen.
  Gruppendiskussionen können in unterschiedlichen Varianten durchgeführt werden, z. B. als führerlose Diskussion

oder mit verteilten Rollen um dadurch Interessenkonflikte vorzuprogrammieren.

- **Fallstudien**
  In Einzelarbeit muss ein Problem schriftlich analysiert und müssen Lösungsvorschläge ausgearbeitet werden.
- **Vorträge und Präsentationen**
  Die Teilnehmer müssen einen Kurzvortrag über ein vorgegebenes oder selbstgewähltes Thema halten oder die Ergebnisse einer Gruppenaufgabe vortragen.
- **Einstufungen**
  Die Teilnehmer beurteilen sich selbst oder die anderen Gruppenmitglieder.
- **Rollenspiele**
  Es werden schwierige Gesprächssituationen simuliert, z. B. müssen Kandidaten, die im Vertrieb arbeiten wollen, ein Verkaufsgespräch mit einem anspruchsvollen Kunden führen.
- **Einzelinterviews**
  Sie dienen dazu einen persönlichen Eindruck vom Bewerber zu gewinnen. Angesprochen werden der bisherige Werdegang und die beruflichen Zielvorstellungen.
- **Testverfahren**
  Es können Intelligenz-, Leistungs- oder Persönlichkeitstests eingesetzt werden.
- **Entscheidungsübungen**
  Probleme müssen durch eine Gruppenentscheidung gelöst werden, mit der alle zufrieden sind.
- **Konstruktionsübung**
  Die Teilnehmer müssen gemeinsam einen Turm oder eine Brücke aus Pappe bauen.
- **Planspiele**
  Ein fiktives Unternehmen mit mehreren Abteilungen ist zu führen. Dabei werden Entscheidungssituationen von Managern unter Zeitdruck simuliert.

Vier Aufgabentypen kann man unterscheiden: Die Teilnehmer müssen allein, zu zweit, vor der ganzen Gruppe oder innerhalb der Gruppe zeigen, über welche Fähigkeiten sie verfügen.

Vier Aufgabentypen

1. Jeder für sich

Eine Reihe von Übungen sind Einzeltests, durch die Intelligenz, Organisations- und Entscheidungsfähigkeit, Konzentration und Belastbarkeit überprüft werden. Besonders beliebt sind die unterschiedlichen Varianten der Postkorbübung, bei der Sie unter hohem Zeitdruck Organisationsentscheidungen treffen müssen.

TIPP: Tragen Sie bei der Postkorbübung schon beim ersten Durchlesen in einem Terminplan ein, was Sie wann am sinnvollsten erledigen, und setzen Sie bei Überschneidungen klare Prioritäten.

2. Zu zweit

Bei Zweierübungen haben entweder beide die gleiche Aufgabe (z. B. „Finden Sie alles über die Lebensgeschichte des anderen heraus!“) oder Sie spielen mit verteilten Rollen (z. B. Führen eines Verkaufsgesprächs, Entgegennahme von Kundenbeschwerden, als Vorgesetzter ein Mitarbeitergespräch führen). Hier geht es vor allem um Kommunikationsfähigkeit, Redegewandtheit, diplomatisches Geschick.

TIPP: Gehen Sie auf die Fragen und Argumente Ihres Gesprächspartners ein und versuchen Sie gemeinsame Lösungen zu erarbeiten.

3. Einer vor der Gruppe

Hier geht es darum vor der Gruppe einen Vortrag zu halten, eine Präsentation durchzuführen oder andere von einer vorgegebenen Idee zu überzeugen. Vor dem Auftritt bekommen Sie eine bestimmte Zeit für die Vorbereitung. Beurteilt werden besonders Auftreten, sprachliche Gewandtheit und Überzeugungsfähigkeit.

TIPP: Üben Sie freie Vorträge und Präsentationen zu Hause. Notieren Sie sich in den Vorbereitungsminuten Stichworte. Das hilft Ihnen beim freien Sprechen.

4. Innerhalb der Gruppe

Bei diesen Übungen zeigt sich, wer Gruppenprozesse steuern kann, sodass es zu gemeinsamen Lösungen kommt, die von allen getragen werden. Dies wird geprüft bei führerlosen Gruppendiskussionen, Rollenspielen (Wer von mehreren Außendienstmitarbeitern bekommt den neuen Dienstwagen?), Kooperationsübungen (Turmbauübung). Bewertet werden hier sprachliche Ausdrucksfähigkeit, Überzeugungskraft, Flexibilität, Aktivität, Kooperationsbereitschaft und Führungsverhalten.

TIPP: Fassen Sie zwischendurch den Stand der Diskussion zusammen und machen Sie anschließend weiterführende Vorschläge.

Die folgende Abbildung zeigt, welche Persönlichkeitsmerkmale in den verschiedenen Übungen untersucht werden.

Die Übungen ...

... und die Beobachtungsmerkmale

	Postkorb	Gruppendiskussion ohne Rollen	Gruppendiskussion mit Rollen	Fallstudie (schriftlich)	Vortrag/Präsentation	Rollenspiele	Einzelinterview	Intelligenztest	Entscheidungsübung	Konstruktionsübung	Planspiel
Planung/Organisation	●			●							●
Kommunikationsfähigkeit		●	●		●	●	●		●	●	
Überzeugungskraft		●	●		●	●	●		●		
Kooperation		●	●							●	●
sprachlicher Ausdruck		●	●	●	●	●	●				
Kreativität				●	●						
Durchsetzungsvermögen		●	●			●			●		●
Aktivität/Motivation	●	●		●	●		●	●			●
Entscheidungsfähigkeit	●								●		●
Intelligenz				●	●			●			
Delegationsverhalten	●										
Belastbarkeit	●		●			●	●	●	●		●
Führungsverhalten		●			●	●					●
Flexibilität		●	●		●	●	●				●
Einfühlungsvermögen		●	●		●	●				●	●

Am Ende des Assessment-Centers beraten die Gutachter über ihre Beobachtungen und jeder Teilnehmer erfährt in einem Einzelgespräch, wie er abgeschnitten hat und auf welchen Beobachtungen dieses Ergebnis beruht. Die Teilnehmer werden über ihre Stärken und Schwächen informiert und sie erhalten häufig Empfehlungen für ihre berufliche Zukunft oder Tipps, wodurch sie ihr Verhalten verbessern können.

Beobachter-konferenz

Durch die Kombination unterschiedlicher Beurteilungsmethoden weist das Assessment-Center-Verfahren eine höhere Treffsicherheit auf als andere Auswahlverfahren. Außerdem wird es von den meisten Bewerbern akzeptiert und als sehr fair empfunden.

Nutzen für den Bewerber

Ein Assessment-Center kann besonders für Berufsanfänger von großem Nutzen sein. Einerseits können sie wertvolle Erkenntnisse über sich selbst gewinnen, andererseits lernen die Bewerber den Stil des Unternehmens kennen und können überprüfen, ob die angestrebte Stelle zu den eigenen Fähigkeiten passt und die geplante Entwicklung im Unternehmen mit den eigenen Interessen übereinstimmt.

Kontrolle der Selbsteinschätzung

Erhalten Sie nach dem AC einen negativen Bescheid, bedeutet das lediglich, dass Sie für diese bestimmte Tätigkeit nicht geeignet sind. In anderen Bereichen können Sie durchaus hervorragend sein. Sie sollten aber die Bewertung für die weitere Planung Ihrer beruflichen Zukunft nutzen.

Ein AC braucht Sie also nicht abzuschrecken. Die Vorteile, die das Verfahren gegenüber anderen Auswahlverfahren hat, werden hier noch einmal zusammengestellt:

- Die Bedingungen sind für alle Teilnehmer gleich. Jeder kann seine Konkurrenten im AC beobachten und sich mit ihnen vergleichen.
- Durch den Einsatz unterschiedlicher Beurteilungsverfahren wird die Aussagekraft erhöht.

- Die Bewertung der Teilnehmer erfolgt durch mehrere Beobachter, sodass Fehleinschätzungen eines Einzelnen abgeschwächt werden.
- Die Eignung wird nicht global erfasst, sondern im Hinblick auf die konkreten Anforderungen einer ganz bestimmten Tätigkeit.
- Die Übungen und Aufgaben im Assessment-Center sind möglichst praxisbezogen, sodass sich die Ergebnisse auf die Realität des Berufsalltags übertragen lassen.
- Das Assessment-Center besitzt eine große Transparenz.
- Jeder Teilnehmer erhält eine detaillierte Rückmeldung, wie sein Verhalten gesehen wurde und wo seine Stärken und Schwächen liegen.

Einige Tipps zum Verhalten

Ablehnung nicht überbewerten

Werden Sie zu einem AC eingeladen, gehören Sie zum engsten Kreis der Bewerber. Die Erfahrungen, die Sie hier machen, sind auf jeden Fall nützlich für Ihre berufliche Zukunft. Auch wenn Sie abgelehnt werden, bedeutet das lediglich, dass Sie für diese bestimmte Tätigkeit nicht geeignet sind bzw. dass andere Bewerber besser waren. In anderen Bereichen können Sie durchaus hervorragend sein.

Da die Übungen sehr unterschiedlich sind und es meistens auch keine „richtigen" Lösungen gibt, kann man sich nur eingeschränkt vorbereiten.

Um erfolgreich im AC abzuschneiden sollten Sie einige grundlegende Verhaltensregeln beachten:

- Informieren Sie sich über das Unternehmen, und versuchen Sie die Anforderungen der angestrebten Position zu ermitteln.
- Gehen Sie ausgeschlafen, möglichst ruhig und entspannt in das AC.
- Beteiligen Sie sich aktiv, aber drängen Sie andere nicht an den Rand.

- Unterbrechen Sie andere nicht, wenn Sie anderer Meinung sind.
- Spielen Sie sich nicht zu sehr in den Vordergrund und hören Sie erst einmal zu.
- Nehmen Sie die Argumente anderer auf und führen Sie diese weiter.
- Steuern Sie die Gruppendiskussion. Fassen Sie zwischendurch die bisher erreichten Ergebnisse zusammen. Stellen Sie geeignete Fragen.
- Versuchen Sie nicht sich zu verstellen und eine Rolle zu spielen, sondern bleiben Sie natürlich.
- Kämpfen Sie nicht gegen die anderen. Zeigen Sie in der Gruppe Ihre Fähigkeit zur Teamarbeit.

Das Vorstellungsgespräch

Wer eine Einladung zum Vorstellungsgespräch erhält, hat damit eine wichtige Hürde genommen. Er hat es verstanden sich in der Bewerbung mit seinen Fähigkeiten, Kenntnissen und Leistungen so gut zu verkaufen, dass er für die Firma interessant geworden ist. In der heutigen Zeit hat er sich damit meistens gegen eine zahlreiche Konkurrenz von Mitbewerbern durchgesetzt.

Die Entscheidung

Positive Vorentscheidung

Sicher ist eine Einladung zu einem Vorstellungsgespräch so etwas wie eine erste Vorentscheidung für Sie. Aufgrund der eingereichten Bewerbungsunterlagen kommen Sie für die freie Stelle durchaus in Frage. Allerdings steht Ihnen der schwierigste und entscheidende Teil des Bewerbungsverfahrens noch bevor. Jetzt müssen Sie beweisen, dass Sie mit Ihrer persönlichen und fachlichen Qualifikation die Anforderungen der angestrebten Stelle wirklich erfüllen können.

Damit Sie auch diese letzte Hürde erfolgreich nehmen, ist es unbedingt erforderlich, sich gründlich auf das Vorstellungsgespräch vorzubereiten. Die tägliche Praxis zeigt nämlich immer wieder, dass sogar bei selbstverständlichen Dingen teils gravierende Fehler gemacht werden, die den Bewerber um seine Chancen bringen. Eine gute Vorbereitung gibt Ihnen die notwendige Sicherheit für eine überzeugende persönliche und fachliche Vorstellung. Dazu gehört:

Notwendige Vorbereitung

- sich umfassend über das Unternehmen und die Stelle zu informieren,
- den Ablauf des Vorstellungsgesprächs zu kennen und sich mit den gängigen Fragen auseinander zu setzen,
- grundlegende Verhaltensregeln zum Auftreten und zur Gesprächstaktik zu beachten,
- sich die eigenen Fragen für das Gespräch zu überlegen.

Patentrezepte für Vorstellungsgespräche gibt es jedoch nicht. Besonders für Berufseinsteiger ist die beste Vorbereitung immer noch das Vorstellungsgespräch selbst. Führen Sie deshalb ruhig auch Gespräche mit Firmen, die für Sie weniger attraktiv sind. Dadurch erfahren Sie einerseits, wie Vorstellungsgespräche ablaufen und welche Fragen gestellt werden, andererseits lernen Sie sich und ihre Reaktionen in dieser Prüfungssituation kennen. Im Vorstellungsgespräch geht es im Endeffekt darum herauszufinden, ob Firma und Bewerber zueinander passen und zusammenarbeiten können. Dazu will die Firma ihr Bild über den Bewerber durch den persönlichen Eindruck abrunden, der Bewerber sollte sich ausreichend über seinen möglichen Arbeitsplatz informieren.

Im Einzelnen lassen sich die Vertreter der Firma von folgenden Zielsetzungen leiten:

Ziele des Gesprächspartners

- ergänzende Fragen zur fachlichen Eignung des Bewerbers zu klären,
- einen persönlichen Eindruck über seine äußere Erscheinung und sein Auftreten zu gewinnen,
- Aufschluss über bestimmte Persönlichkeitsmerkmale und Einstellungen zu erhalten,
- seine Erwartungen und Zielvorstellungen zu ermitteln.

Die Gesprächssituation

Während das Vorstellungsgespräch in kleineren Betrieben mit dem Chef selbst stattfindet, sind bei größeren Betrieben die Personal- und die zuständige Fachabteilung beteiligt. Dabei kommt es vor, dass Personalchef und Fachvorgesetzter das Gespräch gemeinsam mit dem Bewerber führen, wobei jeder einen Teil übernimmt, während in anderen Fällen zwei Gespräche mit zeitlichem Abstand stattfinden.

Das erste Gespräch findet normalerweise mit dem Personalchef oder seinem Vertreter statt. In diesem Gespräch wird zunächst geklärt, ob der Bewerber aufgrund seiner Qualifikation und seiner Persönlichkeit für eine Einstellung generell infrage kommt. Mit seinen Fragen wird der Personalverantwortliche versuchen ein möglichst umfassendes Bild vom Bewerber zu bekommen.

Das Gespräch mit dem Fachvorgesetzten verfolgt zwei Ziele: Einerseits überprüft er die fachliche Eignung des Bewerbers für die Stelle, andererseits muss er einschätzen, ob der Bewerber in persönlicher Hinsicht in die Abteilung passt und ob man mit ihm zusammenarbeiten kann. Außerdem kann er den Bewerber am besten über die zukünftigen Aufgaben und die Fachabteilung informieren.

Wie das Gespräch im einzelnen abläuft, hängt von der Ausbildung und Erfahrung des jeweiligen Interviewers ab. Sicherlich werden das in der Mehrzahl routinierte Interviewer sein, die das Gespräch systematisch führen und bemüht sind, eine angenehme Gesprächsatmosphäre zu schaffen. Sie müssen allerdings auch damit rechnen, dass Sie weniger kompetenten Gesprächspartnern begegnen können oder solchen, die nur gelegentlich Bewerber einstellen und deshalb Schwierigkeiten mit einer sicheren und zielstrebigen Gesprächsführung haben.

Auch ungeübte Interviewer

Neben der üblichen Form des Einzelgespräches werden Berufseinsteiger und Nachwuchskräfte gelegentlich zusammen mit anderen Bewerbern zu einem Gruppengespräch eingeladen. Die Dauer des Vorstellungsgesprächs hängt von den Anforderungen der Stelle ab. Ist es allerdings bereits nach deutlich weniger als einer Stunde zu Ende, sollte man sich keine große Hoffnung auf eine Einstellung machen.

Worauf kommt es an?

Im Vorstellungsgespräch müssen Sie Ihre Gesprächspartner davon überzeugen, dass Sie der geeignete Kandidat für die angebotene Stelle sind.

Persönlichkeit zählt

Neben der fachlichen Qualifikation kommt es jetzt eher auf das an, was als Persönlichkeit bezeichnet wird. Aufgrund seiner Persönlichkeit muss der Bewerber in die Position und die Firma passen. Dafür spielen sowohl Charaktermerkmale und Eigenschaften als auch die äußere Erscheinung und das Auftreten eine Rolle.

Ihr Gesprächspartner will sich deshalb informieren über Eigenschaften wie Kontaktfähigkeit, Selbstsicherheit, Leistungsbereitschaft, Initiative, Ehrgeiz, Zielstrebigkeit, Anpassungsfähigkeit und über äußere Merkmale wie Aussehen und Auftreten, Gang und Gesten, Haltung und Mimik, Sprechweise, Manieren, Kleidung, Frisur und nicht zuletzt über Ihre sprachliche Ausdrucksfähigkeit.

Ihr Gesprächspartner wird deshalb nicht nur den Inhalt Ihrer Antworten registrieren, sondern Ihr Verhalten genau beobachten und darauf achten, wie gut Sie sich verkaufen können.

Besonderen Wert legen viele Unternehmen darauf, die Leistungsmotivation und soziale Anpassungsfähigkeit des Bewerbers zu überprüfen. Wie aktiv und engagiert ist der Bewerber, in welchem Ausmaß zeigt er Eigeninitiative? Ist der Bewerber kontaktfreudig, kooperativ, teamfähig, passt er in die Firma, wird er sich integrieren können?

Wenn Sie sich gut und intensiv auf die persönliche Vorstellung vorbereiten, fühlen Sie sich sicherer und können sich viel besser auf das Gespräch konzentrieren.

Kleider machen Leute

Kleidung ist „Verpackung“

Unsere Kleidung und Aufmachung ist von ähnlicher Bedeutung wie die Verpackung einer Ware. Sie entscheidet nämlich mit darüber, ob wir etwas kaufen oder nicht. Und Sie kennen ja sicher die alte Einsicht: „Kleider machen Leute“.

Denken Sie daran, dass auch im Vorstellungsgespräch der erste Eindruck häufig entscheidend ist. Wir beurteilen Menschen zuerst nach ihrer äußeren Erscheinung, die wesentlich durch die Kleidung bestimmt wird. Dieser erste Eindruck entscheidet in der Regel über Zustimmung oder Ablehnung. Auch wenn dieser Eindruck falsch ist, lässt er sich später nur schwer korrigieren.

Betrachten Sie daher Ihre Kleidung auf keinen Fall als bloße Äußerlichkeit. Das gilt umso mehr, je höher die angestrebte Position ist. Ihre Kleidung sagt Wesentliches über Ihre Persönlichkeit; sie hat eine Funktion als Kommunikationsmittel.

Soziale Signale

Mit Ihrem Kleidungsstil senden Sie soziale Signale aus, wodurch Sie Ihre Gruppenzugehörigkeit demonstrieren und Ihr persönliches Selbstwertgefühl unterstützen. Achten Sie also darauf, dass Ihr Äußeres in jeder Hinsicht gepflegt und korrekt ist und eine positive Wirkung hervorruft. Ihr Gesprächspartner wird auch aufgrund Ihrer Kleidung abschätzen, ob Sie ins Unternehmen passen.

Grundsätzlich heißt das, dass Sie gepflegt und sauber erscheinen und nichts Auffallendes tragen, sondern eher dezent gekleidet sind. Dabei sollte Ihre Kleidung in zweifacher Hinsicht passen:

Erstens muss sie Ihrem zukünftigen Arbeitsumfeld angemessen sein: Wählen Sie die Kleidung so, dass Sie das anhaben, was man von jemanden in Ihrem Beruf und Ihrer Stellung erwartet.

Zweitens muss sie zu Ihnen passen und Ihnen gut stehen. Achten Sie auf guten Sitz der Kleidung, sodass Sie sich wohlfühlen. Eine schlecht sitzende, scheuernde oder kneifende Kleidung wirkt sich ungünstig auf Ihre Selbstsicherheit aus und beeinträchtigt damit Ihren Erfolg.

Branche berücksichtigen

Natürlich spielt es auch eine Rolle, bei welchem Unternehmen Sie sich bewerben: Bei Banken und Versicherungen, die großen Wert auf Seriosität legen, sollte man eher einen konservativen Kleidungsstil bevorzugen. Stellt man sich dagegen in der Modebranche oder in einer Werbeagentur vor, kann das Outfit ruhig ausgefallen sein.

Für Herren empfiehlt sich immer ein Anzug oder eine Kombination. Selbstverständlich muss der Anzug gebügelt sein und die Krawatte richtig sitzen. Auch im Sommer sollten Sie niemals mit gelockerter Krawatte, geöffnetem Kragen oder aufgekrempelten Ärmeln erscheinen. Die Schuhe sollten dunkel und blankgeputzt sein und keine schiefen Absätze haben. Weiße Socken sind auf dem Tennisplatz, aber nicht beim Vorstellungsgespräch angebracht. Achten Sie schließlich auch auf saubere Fingernägel und eine gepflegte Frisur.

Bewerberinnen sollten bedenken, dass eine Vorstellung keine Modenschau ist. Tragen Sie also weder ausgefallene noch verführerische Kleidung, sondern etwas, das der späteren Arbeitssituation entspricht. Ihr Make-up sollte dezent sein, mit Parfüm sollten Sie sparsam umgehen und auch mit Schmuck nicht übertreiben. Schließlich sollten Sie es auch als attraktive Frau vermeiden, Ihre weiblichen Reize bewusst zu betonen.

Informationen sammeln

Damit Sie erfolgreich verhandeln können, müssen Sie sich umfassend über die neue Firma informieren. Haben Sie ausreichende Informationen gesammelt, können Sie im Gespräch sicherer auftreten und gezielte Fragen stellen. Außerdem müssen Sie damit rechnen, dass Ihr Gesprächspartner überprüfen wird, wie gut Sie sich über die Firma informiert haben. Aus Ihren Antworten wird er seine Rückschlüsse auf Ihr Interesse und Ihre Motivation ziehen. Hier können Sie also mit kalkulierbarem Aufwand wichtige Pluspunkte machen.

Es liegt daher in Ihrem Interesse sich bis zum Vorstellungstermin gründliche Informationen über das Unternehmen, die Branche, die Marktsituation, aber auch über Einarbeitungsprogramme und Entwicklungsmöglichkeiten zu beschaffen.

Informationsquellen

Informieren können Sie sich anhand von Geschäftsberichten, Firmenprospekten und -broschüren, dem Wirtschaftsteil der Zeitungen, Wirtschaftsmagazinen und Anzeigen. Auch die Industrie- und Handelskammern und Verbände verfügen über interessantes Informationsmaterial.

Eine weitere Informationsquelle sind Nachschlagewerke, beispielsweise:

- FAZ-Leitfaden „Firmen laden ein"
- „Handbuch der Großunternehmen" und „Mittelständische Unternehmen", Hoppenstedt-Verlag (in guten Bibliotheken und beim Fachvermittlungsdienst des Arbeitsamtes einzusehen).

Schließlich können Sie das Unternehmen selbst anschreiben und um die Zusendung von Informationsmaterial wie Geschäftsberichte, Broschüren oder Kataloge bitten.

Wichtige Daten

Wichtige Unternehmensdaten, über die Sie sich informieren sollten, sind:

- Umsatz und Gewinn
- Mitarbeiterzahl
- Beteiligungen
- wichtigste Produkte/Dienstleistungen
- Marktanteile
- Unternehmensentwicklung in den letzten Jahren
- Zukunftserwartungen des Unternehmens/der Branche.

Die Anreise richtig planen

Es ist selbstverständlich, dass Sie zum Vorstellungstermin pünktlich und ausgeruht erscheinen. Planen Sie Ihre Anreise so, dass Sie etwa 15 Minuten vor der vereinbarten Zeit da sind.

Die Wartezeit können Sie nutzen um sich einen ersten Eindruck von der Firma zu verschaffen oder noch einmal die wichtigsten Punkte Ihrer Darstellung durchzugehen.

Reserven einplanen

Sehen Sie sich die Lage des Unternehmens vorher auf dem Stadtplan an. Stellen Sie fest, wie viel Zeit Sie brauchen und welche die günstigsten und sichersten Verbindungen sind. Kalkulieren Sie auch etwas Reservezeit für unvorhergesehene Ereignisse wie Verkehrsstaus ein.

Haben Sie einen Gesprächstermin vormittags in einer entfernt gelegenen Stadt, empfiehlt es sich auf jeden Fall, bereits einen Tag vorher anzureisen und dort zu übernachten. Sie können dann Ihren möglichen Wohnort schon kennenlernen und sind am nächsten Tag pünktlich.

Berücksichtigen Sie auch, dass es in größeren Firmen einige Zeit dauern kann, bis Sie sich zurechtgefunden haben und vor dem richtigen Zimmer stehen. Wenn Sie dort abgehetzt und nach Luft schnappend ankommen, können Sie kein gutes Bild mehr bei der Vorstellung machen und haben Ihre Chancen erheblich geschwächt.

Anknüpfungspunkt: Ihre Bewerbung

Häufig wird der Interviewer zunächst auf Ihre Bewerbung zu sprechen kommen und Dinge, die ihm aufgefallen sind, ansprechen. Lesen Sie deshalb Ihre Bewerbung vor dem Gespräch noch einmal durch und überprüfen Sie in aller Ruhe noch einmal die folgenden Punkte: Wie habe ich mich dargestellt? Welche Argumente sprechen für mich? Gibt es Schwachpunkte in den Unterlagen, z. B. Lücken im Lebenslauf oder schlechte Noten? Habe ich Unterlagen vergessen? Welche Fragen und Einwände könnten sich ergeben haben und wie kann ich überzeugend darauf antworten? Habe ich vielleicht etwas Wichtiges zu meiner Qualifikation vergessen oder nur ungenügend erwähnt, was für das Unternehmen interessant sein könnte und für die Einstellung nützlich?

Arbeiten Sie auch Ihre Diplom- oder Examensarbeit noch einmal durch. Bei Berufsanfängern wird dieses Thema gerne angesprochen und es wäre peinlich, wenn Sie ausgerechnet hierbei ins Stottern gerieten.

Auftakt: Ihr Werdegang

„Erzählen Sie doch einmal etwas über sich!" – Diese Aufforderung ist als Gesprächseinleitung sehr beliebt. Viele Bewerber sind darauf nicht gefasst, weil Sie der Meinung sind, dass Sie doch schon alles im Lebenslauf angegeben haben. Antworten Sie hier auf keinen Fall „Ja, das steht doch alles in meinen Unterlagen" oder „Was wollen Sie denn hören?"

Der Interviewer will auf diese Weise mit dem Bewerber ins Gespräch kommen und verfolgt gleichzeitig das Ziel, wichtige Informationen über die Persönlichkeit des Bewerbers zu erfahren. Erstens möchte er wissen, wie gut Sie Ihren Lebenslauf im Kopf haben und wie Ihre Zukunftspläne aussehen. Zweitens kann er aus diesem Vortrag Rückschlüsse ziehen auf Ihr Selbstvertrauen und Ihre Fähigkeit, sich darzustellen und zu verkaufen. Drittens möchte er feststellen, wie gut Ihre sprachliche Ausdrucksfähigkeit ist.

Vortrag des Lebenslaufs

Hier müssen Sie alle relevanten Daten und Ereignisse im Kopf haben und in der Lage sein, sie klar gegliedert und strukturiert vortragen zu können. Erzählen Sie aber keine langatmigen Romane. Geben Sie auch die Gründe an, warum Sie einen bestimmten Weg eingeschlagen haben.

Gerade die Darstellung Ihres bisherigen Werdegangs bietet Ihnen eine hervorragende Gelegenheit, sich positiv darzustellen und die eigenen fachlichen Kenntnisse und Persönlichkeitsmerkmale im Hinblick auf die angestrebte Stelle herauszustellen. Sie sollten diese Möglichkeit nutzen und sich hier geschickt profilieren.

Bereiten Sie Ihre Darstellung daher schriftlich vor: Notieren Sie sich Stichworte und üben Sie anhand der Notizen einen freien Vortrag. Bereiten Sie für alle Fälle eine ausführliche und eine kurze Version vor.

Achten Sie auch darauf, dass Ihre Selbstdarstellung nicht zu trocken wird. Lockern Sie Ihren Vortrag zwischendurch ruhig einmal durch ein wenig Humor auf.

Ablauf des Vorstellungsgesprächs

Die einzelnen Gesprächsphasen

Es gibt zwar keine feststehenden Regeln für den Ablauf des Vorstellungsgespräches, aber gewöhnlich geht es im ersten Teil des Gespräches darum die fachliche und persönliche Qualifikation des Bewerbers zu überprüfen, während im zweiten Teil der Bewerber über die ausgeschriebene Stelle und das Unternehmen informiert wird. Im Einzelnen lassen sich folgende Phasen unterscheiden:

- Begrüßung und Gesprächseröffnung
- Interview mit den Fragenkomplexen
  - Motive der Bewerbung und Informationsstand über das Unternehmen
  - Ausbildung, fachliche Kompetenz, Berufserfahrung
  - Berufliche Zielvorstellungen und Erwartungen
  - Persönlichkeit und Selbsteinschätzung
  - Freizeitverhalten
  - Persönliche und familiäre Situation
- Informationen für den Bewerber
- Gehalts- und Vertragsverhandlung
- Fragen des Bewerbers
- Gesprächsabschluss

Eröffnungsphase

Nach dem Eintreten wird das Gespräch durch die Begrüßung und die gegenseitige Vorstellung eröffnet. Denken Sie daran, wie Sie durch Ihr Verhalten von Anfang an Signale setzen, die den ersten Eindruck bestimmen. Betreten Sie den Raum selbstsicher oder nervös? Ist Ihr Händedruck fest oder lasch? In den ersten Augenblicken entscheidet es sich häufig, ob Sie Ihrem Gesprächspartner sympathisch erscheinen oder nicht. Diese Einstellung kann den folgenden Gesprächsverlauf entscheidend mitbestimmen.

Passen Sie genau auf, wenn Ihr Gesprächspartner seinen Namen nennt, damit Sie ihn richtig ansprechen können. Haben Sie den Namen nicht richtig verstanden, fragen Sie ruhig nach. Es wird positiv aufgenommen, wenn Sie Ihren Gesprächspartner während des Gesprächs mit seinem Namen anreden können.

Häufig wird Ihnen zu Beginn ein Getränk angeboten und serviert. Alkoholische Getränke sollten Sie immer ablehnen, die Tasse Kaffee wird erfahrungsgemäß doch immer kalt, aber Mineralwasser oder ein Fruchtsaftgetränk könnten erfrischend und nützlich sein, wenn beim Reden der Mund trocken wird. Sind Sie Raucher, sollten Sie sich nicht sofort eine Zigarette anzünden, denn Ihr Gesprächspartner könnte Nichtraucher sein. Warten Sie erst einmal ab, ob Ihr Gesprächspartner selbst raucht. Ansonsten ist es besser aufs Rauchen zu verzichten.

Einstieg ins Gespräch

Im Allgemeinen wird Ihr Gesprächspartner das Gespräch mit einigen belanglosen Dingen eröffnen um die Atmosphäre aufzulockern und Hemmungen abzubauen. Er wird wahrscheinlich zunächst nach Ihrer Anreise fragen und ob Sie die Firma gut gefunden haben. Anschließend wird er Ihnen dann sagen, was ihn bewogen hat Sie einzuladen. Manchmal werden Sie auch erfahren, wie viel Zeit man für Sie eingeplant hat. Sie können dann besser abschätzen, wie Sie Ihre Präsentation einteilen und wie viel Zeit Sie für Ihre Fragen haben.

Nutzen Sie diese Einleitungsphase um sich zu entspannen. Zeigen Sie sich interessiert und bedanken Sie sich für die Einladung zum Vorstellungsgespräch. Gegebenenfalls ist auch eine anerkennende Bemerkung angebracht, z. B. wegen der schnellen Reaktion des Unternehmens oder der übersandten Informationen. Wenn Sie hier nicht übertreiben, können Sie die ersten Pluspunkte sammeln.

Sie sollten zwar von Anfang an einen aktiven Eindruck machen, versuchen Sie aber auf keinen Fall das Gespräch an sich zu reißen. Die Gesprächsführung hat der Interviewer. Er bestreitet den überwiegenden Teil des Gespräches.

Das eigentliche Interview

Nach diesen einleitenden Worten wird der Ton gewöhnlich sachlicher und Ihr Gesprächspartner wird zum eigentlichen Kern des Vorstellungsgespräches übergehen.

Im Interview werden Ihnen Fragen nach Ihrer fachlichen und persönlichen Qualifikation gestellt, die durch die Bewerbungsunterlagen noch nicht hinreichend geklärt sind. Dabei geht es für den Interviewer darum festzustellen inwieweit sich das Anforderungsprofil der Stelle mit Ihrer Qualifikation deckt. Weiterhin möchte er etwas über Ihre Interessen und beruflichen Zielvorstellungen sowie über Ihre persönliche Situation erfahren. Typische Fragen, mit denen Sie im Vorstellungsgespräch rechnen müssen, werden später aufgelistet und kommentiert.

Verhalten Sie sich natürlich und machen Sie einen ruhigen und gelassenen, aber aufmerksamen Eindruck. Sprechen Sie nicht zu schnell, sondern ruhig und überlegt. Weitschweifige Darstellungen sollten Sie unterlassen. Reden Sie stattdessen kurz, klar und sachlich. Nach interessanten Abschnitten sollten Sie kleine Pausen machen um Ihr Gespräch zu strukturieren.

Zur positiven Gestaltung des Gespräches gehört vor allem das offene und freundliche Anschauen des Gesprächspartners. Halten Sie daher Blickkontakt mit Ihrem Gespächspartner, das wirkt überzeugend und schafft Vertrauen. Außerdem können Sie an seinem Gesicht ablesen, wie Ihre Aussagen ankommen.

Blickkontakt halten

Gegenseitige Blickkontakte und Lächeln sind typische Zeichen von Sympathie. Bewerber, die keinen Blickkontakt suchen und beim Sprechen ständig an die Wand oder aus dem Fenster sehen, wirken unsicher und lösen Zweifel aus.

Informationen für den Bewerber und eigene Fragen

Wenn Ihr Gesprächspartner seine Fragen gestellt hat und Sie Ihre Präsentation beendet haben, wird er Sie in der Regel über das Unternehmen und über den Arbeitsplatz informieren.

Hören Sie aufmerksam zu und zeigen Sie Interesse an der Darstellung Ihres Gesprächspartners. Damit sammeln Sie weitere Sympathiepunkte.

Informationen als Entscheidungshilfe

Sie sollten in dieser Phase des Gespräches die Gelegenheit nutzen eigene Fragen zu stellen, die sich auf das Unternehmen, die Stelle und den Arbeitsvertrag beziehen. Geschickte Fragen sprechen für Ihr Interesse an dem angebotenen Arbeitsplatz. Außerdem brauchen Sie diese Informationen um beurteilen zu können, ob das Unternehmen und die Tätigkeit zu Ihnen passt. Lassen Sie sich genau darlegen, wie Ihre Aufgaben im Einzelnen aussehen, wofür Sie verantwortlich sind, wer Ihre Mitarbeiter und Vorgesetzten sind und wie Ihre Arbeit in den nächsten Jahren aussehen soll. Sie sollten Ihren Gesprächspartner allerdings nicht durch zu viele oder unnötige Fragen nerven. Manches erledigt sich von selbst, wenn Sie aufmerksam zuhören. Mögliche Fragen, die Sie stellen können, sind weiter unten aufgeführt.

Häufig können Sie bereits in dieser Phase des Gespräches Signale erkennen, die auf eine mögliche Übereinkunft hindeuten.

Gehaltsgespräch

War der bisherige Gesprächsverlauf positiv, kommt gegen Ende die wichtige Frage nach den Gehaltsvorstellungen. Wie Sie darüber am besten verhandeln, wird in einem eigenen Abschnitt dargestellt. Auch andere Punkte des späteren Arbeitsvertrages können in dieser Phase angesprochen werden. Obwohl die eigentliche Vertragsverhandlung meistens erst in einem weiteren Gespräch stattfindet, wenn Sie in die engste Wahl gekommen sind, sollte zum jetzigen Zeitpunkt Klarheit über die Eckdaten hergestellt werden.

Gesprächsabschluss

Entscheidung folgt

In aller Regel werden Sie beim Abschied noch nicht erfahren, ob Sie engagiert werden oder nicht. Gewöhnlich wird man Ihnen sagen, dass Sie in den nächsten Tagen schriftlich Bescheid erhalten. Schließlich werden Sie nicht als einzige(r) zum Vorstellungsgespräch eingeladen und der Arbeitgeber möchte noch die anderen infrage kommenden Bewerber kennenlernen, bevor er seine Entscheidung trifft.

Erkundigen Sie sich abschließend, wie es nun weitergeht. Findet ein weiteres Gespräch statt? Wann können Sie mit einer Entscheidung rechnen? Drängen Sie Ihren Gesprächspartner aber nicht zu einer schnellen Entscheidung, weil Sie angeblich eine Reihe anderer Angebote haben.

Auf keinen Fall sollten Sie die Frage stellen, wie Sie abgeschnitten haben. Wenn Sie Ihren Gesprächspartner zu einem vorschnellen Urteil drängen, bringen Sie ihn nur in Verlegenheit.

Verabschieden Sie sich freundlich und höflich und zeigen Sie kein erleichtertes Aufatmen beim Verlassen des Raumes.

Weitere Gespräche

Bei der Einstellung qualifizierter Bewerber oder Führungskräfte folgt gewöhnlich einige Zeit nach dem ersten Gespräch noch ein zweites oder sogar drittes Gespräch, bevor eine endgültige Entscheidung zu Gunsten eines Kandidaten gefällt wird.

Ziele der Folgegespräche

Das erste Gespräch dient dem gegenseitigen persönlichen Kennenlernen, der Überprüfung der fachlichen Qualifikation und der Darstellung und Besprechung der künftigen Aufgaben, Ziele und Arbeitsbedingungen.

Im zweiten Gespräch sollen die letzten Unklarheiten für eine Entscheidung auf beiden Seiten ausgeräumt werden. Dazu werden die offen gebliebenen Fragen geklärt und seitens der Firma überprüft, ob der Bewerber in menschlicher Hinsicht in das betriebliche Umfeld passt. Ein weiteres Ziel besteht darin, die genauen Arbeitsbedingungen zu besprechen und die Einzelheiten des Arbeitsvertrages auszuhandeln.

Engste Wahl

Wer zum zweiten Gespräch eingeladen wird, ist in die engste Wahl gekommen. An diesem Gespräch werden normalerweise weitere Personen teilnehmen. Das können sein: der Fachabteilungsleiter, der direkte Vorgesetzte, zukünftige Kollegen oder auch ein Vertreter des Betriebsrats.

Da Sie die Atmosphäre des Unternehmens und die Gesprächspartner schon teilweise kennen gelernt haben, können Sie im zweiten Gespräch gelassener auftreten. Bereiten Sie sich auch auf dieses Gespräch gut vor. Unterstreichen Sie durch Ihre Darstellung und Ihre Fragen das Interesse an der angebotenen Position. Versuchen Sie sich besonders in den Bereichen zu profilieren, die im ersten Gespräch mit starkem Interesse aufgenommen wurden.

Die Bedeutung des ersten Eindrucks

Bei der Begegnung zweier Menschen spielt der erste Eindruck immer eine besonders wichtige Rolle. Häufig entscheidet sich in den ersten Minuten, ob wir einen Menschen sympathisch oder unsympathisch finden.

Unbewusste Einschätzung

Dabei stufen wir unsere Gesprächspartner anhand von Kleidung, Auftreten, Haltung und anderen Merkmalen in ein grobes Raster ein. Dieser Prozess geschieht weitgehend unbewusst. Das Bild, das dabei entsteht, wird von unserem Wertesystem und unseren Lebenserfahrungen bestimmt. Oft basiert der erste Eindruck nur auf wenigen Einzelbeobachtungen, aus denen dann sofort auf die gesamte Person geschlossen wird. Obwohl das Bild also fehlerhaft und ein Vorurteil sein kann, beeinflusst es den weiteren Verlauf der Begegnung entscheidend. Es besteht nämlich die Gefahr, dass wir hauptsächlich nur noch die Dinge registrieren, die in das einmal entwickelte Bild passen und somit das Vorurteil bestätigen. Jeder kennt das: Hat man jemanden erst einmal als unsympathisch eingestuft, muss schon einiges passieren, damit wir dieses Bild korrigieren.

Auffallende Merkmale

Psychologen haben festgestellt, dass ein besonders auffallendes positives oder negatives Merkmal eines Menschen auf die Beurteilung seiner anderen Merkmale abstrahlt. So werden einer gutaussehenden Person gleichzeitig oft andere positive Eigenschaften zugebilligt wie sympathisch, gesund, intelligent, kompetent, fleißig usw. Außerdem haben sie herausgefunden, dass negative Eindrücke schneller und intensiver wirken als positive.

Für den Bewerber bedeutet das die Wirkung des ersten Eindrucks zu berücksichtigen und die Weichen für das Gespräch richtig zu stellen. Macht man hier nämlich etwas falsch und gibt man ein ungünstiges Bild ab, kann es sehr schwer werden, den Gesprächspartner wieder umzustimmen. Das gilt besonders, wenn Sie es mit einem wenig geschulten Gesprächspartner zu tun haben. Umgekehrt kann ein von Anfang an positiv eingeschätzter Bewerber leichter weitere Pluspunkte sammeln.

Es muss also Ihr Ziel sein, von Anfang an einen guten Eindruck auf Ihren Gesprächspartner zu machen. Eine Schwierigkeit besteht darin, dass Sie nicht genau wissen, auf welche Merkmale Ihr Gesprächspartner besonderen Wert legt und auf welchen Wertvorstellungen sein Urteil aufbaut. Deswegen bleibt Ihnen nicht anderes übrig, als sich an einem Erscheinungsbild und Verhalten zu orientieren, das allgemein als positiv gilt.

Sympathie weckt Sympathie

Zwei Dinge müssen Sie dennoch beachten: Erstens kommt es auf Ihr äußeres Erscheinungsbild an, d. h., Ihre Kleidung muss korrekt und Ihr Äußeres gepflegt sein. Zweitens müssen Sie durch Ihr Verhalten während des Gespräches sympathisch erscheinen. Sympathie erwecken Sie besonders dann, wenn Sie ihrerseits Ihrem Gesprächspartner Sympathie entgegenbringen und zeigen, dass Sie das Gespräch mit ihm gerne führen. Dazu sollten Sie beispielsweise Folgendes tun:

- Begrüßen Sie Ihren Gesprächspartner freundlich. Erwähnen Sie hin und wieder seinen Namen im Gespräch. Zeigen Sie einen aufgeschlossenen, offenen Gesichtsausdruck und – ganz besonders wichtig! – halten Sie Blickkontakt.

- Antworten Sie bereitwillig auf seine Fragen.
- Hören Sie aufmerksam zu. Zeigen Sie Interesse an dem, was er sagt.
- Gelegentlich sollten Sie ihn anlächeln, seinen Worten zustimmen oder eine lobende Äußerung machen.

Das richtige Verhalten im Gespräch

Zum richtigen Verhalten vor und während des Gespräches sollten Sie die folgenden Tipps beachten:

Beginn im Vorzimmer

- Zeigen Sie schon im Vorzimmer korrektes Verhalten. Sie können damit rechnen, dass Sie von der Sekretärin genau beobachtet werden. Mancher Chef legt auf das Urteil seiner Sekretärin großen Wert und befragt sie nach dem Gespräch, welchen Eindruck der Bewerber auf sie gemacht hat.
- Verzichten Sie aufs Rauchen. Wenn man Ihnen Alkohol anbietet, sollten Sie dankend ablehnen. Manchmal möchte man Sie testen.
- Überlassen Sie die Führung des Gespräches dem Interviewer. Versuchen Sie nicht, diese Rollenverteilung umzukehren und das Gespräch an sich zu reißen.
- Hören Sie aufmerksam und interessiert zu, wenn Ihr Gesprächspartner redet. Nicken Sie gelegentlich bestätigend mit dem Kopf. In einem normalen Gespräch bestreitet der Interviewer den größten Teil des Gespräches.
- Sprechen Sie Ihren Gesprächspartner während des Gespräches wiederholt mit seinem Namen an. Denn jeder hört seinen Namen gern.
- Drücken Sie sich klar und deutlich aus. Vermeiden Sie Redensarten, die den Eindruck von Unbestimmtheit, Unentschlossenheit oder Gleichgültigkeit erwecken, z. B. „eventuell“, „ich weiß nicht“. Bewerber, die nicht wissen, was Sie wollen, erzielen wenig Interesse.

- Erzählen Sie keine Romane, sondern versuchen Sie lieber zu überzeugen. Ihre Antworten sollten kurz, präzise und sachlich sein und sich auf die wesentlichen Angaben beschränken.
- Unterbrechen Sie Ihren Gesprächspartner nicht und lassen Sie ihn ausreden.
- Seien Sie selbstbewusst, denn das ist wichtig für Ihren Erfolg beim Vorstellungsgespräch. Stellen Sie Ihr Licht deshalb nicht unter den Scheffel. Andererseits wird man Übertreibungen meistens schnell herausfinden.

Selbstbewusst und ruhig

- Sprechen Sie Schwachpunkte des Lebenslaufs selbst an, und zwar in positiver Form: „Ich war zwar von … bis … arbeitslos, habe mich aber während dieser Zeit durch einen XY-Kursus weitergebildet."
- Beantworten Sie die Fragen wahrheitsgemäß. Gute Personalchefs stellen oft Fangfragen um Unwahrheiten aufzudecken.
- Beantworten Sie alle Fragen kurz und knapp, auch wenn Sie die Antworten schon früher gegeben haben. Sagen Sie nie „Das habe ich doch schon gesagt" oder „Das steht doch in meinen Unterlagen."
- Reden Sie nie schlecht über einen früheren Arbeitgeber. An Ihrer Einstellung gegenüber der alten Firma oder früheren Vorgesetzten wird man ablesen, wie Sie sich gegenüber der neuen Firma verhalten werden.
- Werden Ihnen taktlose oder sogar unverschämte Fragen gestellt, sollten Sie sie höflich und bestimmt zurückweisen.
- Sagen Sie nie aus purer Zurückhaltung „Ich habe keine Fragen mehr". Damit dokumentieren Sie mangelndes Interesse an der angebotenen Stelle. Damit Sie nichts vergessen, sollten Sie sich Ihre Fragen zu Hause auf einem Notizzettel aufschreiben. Je nach Gesprächsatmosphäre können Sie diesen Zettel gegen Ende hervorholen um sich zu vergewissern, ob alle wichtigen Fragen geklärt sind.

Was die Körpersprache verrät

Neben dem gesprochenen Wort spielt im Vorstellungsgespräch auch das nonverbale Verhalten eine wesentliche Rolle. Durch seine Körpersprache, d. h. durch Gesichtsausdruck, Gestik, Körperhaltung, Stimme übermittelt jeder Mensch Signale, die dem aufmerksamen Beobachter wertvolle zusätzliche Erkenntnisse über seinen emotionalen Zustand und seine Persönlichkeit geben.

Rückschlüsse

Diese Signale sind weitgehend unbewusst. Beispielsweise lässt sich im Gespräch gut erkennen, wie nervös jemand ist, ob er Angst hat oder sich wohlfühlt. Die Deutung einzelner Verhaltenssignale kann zwar erschwert werden, weil sie teilweise mehrdeutig sind oder Verhalten verstellt werden kann. Betrachtet man die Merkmale jedoch im Zusammenhang, sind einigermaßen sichere Verhaltensdeutungen möglich.

Man kann deshalb davon ausgehen, dass jeder Personalchef nicht nur den Inhalt des Vorstellungsgesprächs aufmerksam verfolgt, sondern auch die Körpersprache des Bewerbers genau beobachtet und seine Eindrücke mit in seine Beurteilung einbezieht.

Mimik

Spiegel innerer Vorgänge

Das Gesicht kann während des ganzen Gespräches am besten beobachtet werden. Jeder weiß, dass sich die seelischen Vorgänge einer Person im Gesicht besonders gut widerspiegeln. Der Gesichtsausdruck sagt eine Menge über den wahren inneren Zustand des Bewerbers aus und offenbart, was in ihm vorgeht.

Im Zusammenhang mit dem Gesichtsausdruck spielt der Blickkontakt eine wichtige Rolle. Ein offener und freundlicher Blickkontakt wirkt sympathisch, überzeugend und selbstsicher, ein Blick dagegen, der auf die Tischplatte fixiert ist oder am Gesprächspartner vorbeigeht, wird von jedem spontan als Zeichen von Unsicherheit interpretiert.

Körperhaltung

An der Art der Körperhaltung und Sitzweise lässt sich gut erkennen, ob jemand entspannt oder innerlich stark erregt ist. Auch die Einstellung einer anderen Person gegenüber lässt sich an der Körperhaltung ablesen. Beispielsweise verringert man bei Personen, die man mag, den Abstand und lehnt sich nach vorne. Geöffnete Arme können ebenfalls auf eine positive Einstellung hinweisen. Vor der Brust verschränkte Arme deuten dagegen meist auf Reserviertheit und Ablehnung hin.

Stimme und Sprechweise

Wichtiger Sympathieträger

Die Art und Weise etwas zu sagen kann wichtige Hinweise über Gefühle und Persönlichkeit eines Menschen geben. Häufig hat die Stimme einen entscheidenden Anteil daran, ob wir jemanden sympathisch finden oder nicht. „Der Ton macht die Musik". Sprachmerkmale wie Sprechtempo, Tonhöhe, Lautstärke, Stimmbeschaffenheit und Akzentuierung wirken sich hier aus.

An der Stimme lässt sich außerdem erkennen, ob jemand hinter dem steht, was er sagt. Während leises und zögerndes Sprechen eher auf einen unsicheren Menschen hindeutet, hat derjenige, der hinter seiner Aussage steht, eine deutliche und bestimmte Aussprache.

Gesten

Arm-, Hand- und Fingerbewegungen werden in hohem Maße bei der Kommunikation eingesetzt. Sie können beim Sprechen die Aussagen unterstützen oder ihnen widersprechen. Besonders die Hände liefern wertvolle Informationen über den inneren Zustand eines Menschen. Beispielsweise lässt sich hohe Nervosität, Unsicherheit und Verlegenheit an unruhigen, unkontrollierten Handbewegungen ablesen wie Streichen über den Hinterkopf, Zupfen am Ohrläppchen, Spielen mit den

Händen, Kratzen und Zupfen an der Kleidung. Angst zeigt sich an einer angespannten und verkrampften Haltung der Hände.

Nach Untersuchungen von Psychologen gibt auch der Händedruck bei der Begrüßung interessante Hinweise über die Persönlichkeit. Ein übermäßig kräftiger Händedruck deutet danach auf Rücksichtslosigkeit und Angeberei hin, ein fester Händedruck ohne Übertreibung zeigt Aufrichtigkeit, Hände, die sich anfassen lassen wie ein weicher Lappen, sollen zu unsicheren, kontaktarmen Menschen gehören.

Damit Sie sich durch ungünstige Körpersignale keine Minuspunkte einhandeln, sollten Sie Ihr Verhalten beobachten und besonders auf folgende Punkte achten:

Körpersprache bewusst machen

- Vermeiden Sie übertriebene Gesten. Ihre Gestik sollte in angemessener Weise das Gesagte unterstreichen, ohne dass Sie dabei wild herumfuchteln.
- Vermeiden Sie Gesten, die Unsicherheit und Verlegenheit signalisieren wie Kratzen am Kopf, Streichen über den Hinterkopf, Anfassen der Nase, Zupfen am Ohrläppchen oder Zupfen an der Kleidung. Legen Sie die Hände locker gefaltet in den Schoß oder auf den Tisch.
- Auch das Spielen mit den Händen oder Trommeln mit den Fingern weist auf Nervosität und Unsicherheit hin. Viele Menschen greifen in schwierigen Situationen unbewusst zu einem „Spielzeug". Das kann ein Kugelschreiber, ein Feuerzeug oder sonst ein bereitliegender Gegenstand sein. Einem Gesprächspartner signalisiert das Hantieren mit diesen Utensilien eine offenkundige innere Anspannung. Wenn Sie zu einem derartigen Abreagieren neigen, versuchen Sie es sich bewusst zu machen und abzustellen.
- Eine verkrampfte Sitzhaltung auf der Stuhlkante ist ebenso unangebracht wie ein lässiges Zurücklehnen im Sessel. Auch breitbeiniges Sitzen macht einen unangenehmen Eindruck. Setzen Sie sich entspannt, locker und aufrecht, mit dem Rücken angelehnt, in den Stuhl oder Sessel. Wechseln Sie gelegentlich Ihre Körperhaltung, aber rutschen Sie nicht auf dem Stuhl herum.
- Vermeiden Sie Wippen mit dem Fuß und wickeln Sie Ihre Füße auch nicht um die Stuhlbeine herum.

- Schauen Sie Ihren Gesprächspartner an. Ein offener und freundlicher Blickkontakt und gelegentliches Lächeln wirkt überzeugend und erzeugt Sympathie. Ein abgewandter Blick zeugt dagegen von Unsicherheit. Wenn Sie Ihren Gesprächspartner anschauen, können Sie außerdem an seinem Gesicht ablesen, wie Ihre Antworten ankommen. Haben Sie es mit mehreren Gesprächspartnern zu tun, nehmen Sie abwechselnd mit allen Blickkontakt auf.
- Sprechen Sie langsam und ruhig, ohne aber monoton zu werden. Machen Sie Pausen um sich Zeit zum Überlegen zu verschaffen und dem Zuhörer das Verstehen zu erleichtern. Ihre Stimme sollte klar, deutlich und bestimmt sein.

Vorbereitung auf die Fragen

Absichten erkennen

Der Erfolg im Vorstellungsgespräch hängt entscheidend davon ab, ob Sie auf die Fragen des Interviewers gut vorbereitet sind und überzeugende Antworten geben können. Dazu müssen Sie bei jeder Frage wissen, was der Interviewer damit beabsichtigt und was er über Sie herausfinden will. Wenn man den Sinn der Fragen kennt, kann man vorschnelle und ungünstige Antworten eher vermeiden. Das gilt besonders für Fragen, mit denen der Interviewer die Persönlichkeit und die Einstellungen des Bewerbers erkunden möchte.

Im folgenden Fragenkatalog werden Absicht und Hintergrund einzelner Fragen erläutert und Hinweise für das Antwortverhalten gegeben. Es handelt sich natürlich nur um eine Auswahl typischer Fragen, die Ihnen zeigen soll, worauf es bei Ihrer Argumentation ankommt.

Arbeiten Sie die Fragen genau durch und denken Sie daran, dass Sie Ihre Antworten unter Umständen auch begründen müssen. Außerdem wird Ihr Gesprächspartner überall dort nachhaken, wo er Ausflüchte oder Unwahrheiten vermutet.

Hintergrund typischer Fragen

Motive/Informationsstand

Frage: Warum bewerben Sie sich bei uns?/
Warum möchten Sie gerade bei uns arbeiten?
Kommentar: Es geht um Ihre Motivation. Der Interviewer will wissen, wie fundiert Ihre Entscheidung für die Firma bzw. Stelle ist. Woher kennen Sie das Unternehmen? Ist die Firma für Sie als Arbeitgeber erste oder zweite Wahl?

Motivation überzeugend begründen

Sie müssen hier überzeugend argumentieren können. Zeigen Sie, dass Sie sich gut über die Firma informiert und sich gezielt beworben haben. Stellen Sie die positiven Seiten des Unternehmens oder der Anzeige heraus, die den Ausschlag für Ihre Entscheidung gegeben haben. Kandidaten, die irgendeine Stelle in irgendeiner Firma suchen, sind nicht gefragt.

Frage: Was hat Sie an unserer Anzeige angesprochen?
Kommentar: Der Interviewer will herausfinden, ob Sie die Anzeige wirklich aufmerksam gelesen haben und ob der Inhalt richtig angekommen ist.

Frage: Was erwarten Sie von einer Anstellung bei uns?
Was versprechen Sie sich von einer Tätigkeit in unserem Unternehmen?
Kommentar: Wieder geht es um Ihre Motive. Wie realistisch sind Ihre Einschätzungen? Zeigen Sie, dass Sie sich gut vorbereitet haben. Betonen Sie, dass Sie sich ein Unternehmen wünschen, wo Sie etwas leisten können, wo Sie Ihre Fähigkeiten und Qualifikation besonders gut einsetzen können, wo Sie gute Branchenerfahrungen sammeln können. Wer sich hauptsächlich am guten Einkommen oder den guten Sozialleistungen interessiert zeigt, hat kaum Chancen.

Frage: Was interessiert Sie an dieser Position am meisten?
Was reizt Sie besonders an dieser Aufgabe? Warum wollen Sie gerade in diesem Tätigkeitsbereich arbeiten?

Kommentar: Ihre Auseinandersetzung mit der Stelle, Ihre berufliche Planung und Ihre Motive werden überprüft.

Stellen Sie die Aufgaben und Tätigkeitsmerkmale heraus, wo Sie Ihre Fähigkeiten besonders einsetzen können. Zeigen Sie, dass Sie aufgrund Ihrer Stärken und Neigungen gerade in diesem Bereich gute Arbeit leisten können. Sprechen Sie das an, was für die Firma besonders von Nutzen ist. Unterstützen Sie Ihre Aussage, indem Sie Ihre dazu passenden Fähigkeiten und Eigenschaften aufzählen.

Frage: Wie stellen Sie sich Ihre Tätigkeit bei uns vor?
Kommentar: Haben Sie realistische Vorstellungen von den Aufgaben der angestrebten Stelle und Ihren Fähigkeiten? Haben Sie sich ausreichend über die Tätigkeit informiert? Welches Arbeitsverhalten ist von Ihnen zu erwarten?

Frage: Warum wollen Sie ihre Stelle wechseln?
Kommentar: Die Firma will die Beweggründe eines geplanten Wechsels erfahren und erkunden, ob die Interessen des Bewerbers durch den angebotenen Arbeitsplatz befriedigt werden können. Dabei gibt es Gründe, die akzeptiert werden, und andere, die man lieber nicht nennen sollte. Vermeiden Sie negative Äußerungen über die bisherige Firma. Gute Gründe sind: Suche nach einer neuen, reizvollen Aufgabe, neue Herausforderungen, Vorwärtskommen, fehlende Aufstiegsmöglichkeiten in der alten Firma, eigene Fähigkeiten können nicht richtig eingesetzt werden. Schlechte Gründe sind: Misserfolge in der alten Position, Ärger in der alten Firma, z. B. mit Vorgesetzten oder Mitarbeitern, Hauptinteresse zielt auf die bessere Bezahlung oder die besseren Sozialleistungen.

Gute Gründe für den Wechsel

Frage: Was wissen Sie über unsere Firma?/Produkte?
Kommentar: Wie gut haben Sie sich vorbereitet und informiert? Daraus wird auf die Motivation des Bewerbers geschlossen. Kennt der Bewerber Produkte, Umsätze, Unternehmensentwicklung usw.? Mit einer gründlichen Vorbereitung zeigen Sie erstens Ihr Interesse für die angestrebte Stelle, zweitens vermeiden Sie Fehlentscheidungen.

Frage: Wo liegen Ihre Interessenschwerpunkte?
Kommentar: Die Firma will wissen, wie stark Sie an der angebotenen Stelle interessiert sind. Geben Sie hier also Antworten, die mit der Stelle in Einklang stehen. Wer hier Dinge aufführt, die sich mit der Stelle nicht vereinbaren lassen, disqualifiziert sich. Mit Ihren Freizeitinteressen sollten Sie ebenfalls vorsichtig sein.

Kontrollierte Flexibilität

Frage: Wären Sie auch an einer anderen Tätigkeit interessiert? Gibt es noch andere Aufgaben, die interessant für Sie wären?
Kommentar: Die Motivation für die augenblickliche Bewerbung und die Flexibilität des Bewerbers werden untersucht. Gibt es noch andere Bereiche, wo der Bewerber eingesetzt werden kann? Die Frage birgt Gefahren in sich: Einerseits könnte der Eindruck entstehen, dass Sie nicht flexibel genug sind, andererseits soll der Interviewer ja nicht zu der Auffassung gelangen, dass Sie nicht genau wissen, was Sie wollen. Die Tendenz Ihrer Antwort sollte sein: Ich habe mich zwar für die Stelle als ... beworben. Da ich aber gerne für Ihr Unternehmen arbeiten würde, könnte ich mir auch eine akzeptable Alternative vorstellen ...

Frage: Wo haben Sie sich sonst noch beworben?
Kommentar: Man möchte die Ernsthaftigkeit überprüfen, bei dieser Firma zu arbeiten. Bestätigen Sie etwa 3 weitere Bewerbungen (30 Bewerbungen machen Sie verdächtig), ohne die Namen der Firmen zu nennen. Denn alles auf eine Karte zu setzen ist unrealistisch oder zeugt von fehlender Motivation bei Ihrer Arbeitssuche. Drücken Sie Ihr besonderes Interesse an einer Mitarbeit in diesem Unternehmen aus.

Persönlichkeit/Selbsteinschätzung

Frage: Erzählen Sie etwas über sich?
Kommentar: Der Interviewer möchte Ihre Persönlichkeit kennen lernen. Außerdem möchte er wissen, ob Sie Ihren Werdegang im Kopf haben, wie gut Sie sich verkaufen können, wie

gut Sie sich ausdrücken können. Nutzen Sie diese Chance um sich im Hinblick auf die angestrebte Stelle zu profilieren (siehe auch weiter oben).

Frage: Wie würden Sie sich charakterisieren? Und wie werden Sie von anderen eingeschätzt?
Kommentar: Es geht um Ihr Selbstbild. Stimmt dieses Bild mit der Realität überein? Mit dem Bild, das sich andere machen? Über- oder unterschätzen Sie sich?

Schildern Sie ruhig Ihre positiven Seiten. Bereiten Sie sich darauf vor, dass Sie nach Begründungen oder Beispielen gefragt werden. Da niemand perfekt ist, kann es sinnvoll sein, auch einige kleinere Unzulänglichkeiten zu nennen.

Mit dem zweiten Teil der Frage soll überprüft werden, ob sich Selbst- und Fremdbild decken. Haben Ihre Mitmenschen eine ganz anderes Bild von Ihnen, lässt das auf eine unrealistische Selbsteinschätzung schließen.

Frage: Was sind Ihre besonderen Stärken? Was sind Ihre besonderen Schwächen?
Kommentar: Wie stellen Sie sich dar? Können Sie sich realistisch einschätzen? Wie groß ist Ihr Selbstvertrauen? Wie selbstkritisch sind Sie?

Beispiele anführen

Nennen Sie Ihre Fähigkeiten und positiven Seiten im Hinblick auf die angebotene Stelle. Wichtig ist es, dass Sie Ihre Stärken begründen und mit Beispielen belegen können.

Hüten Sie sich bei den Schwächen vor zu großer Offenheit. Nennen Sie kleine, harmlose Schwächen, die allgemein akzeptiert werden, oder nennen Sie Dinge, die auch positiv gesehen werden können. Wenn Sie sagen „Ich werde leicht ungeduldig“, kann man Sie auch als motivierten Menschen einstufen, der weiterkommen will.

Frage: Was verstehen Sie unter Erfolg? Nennen Sie Ihre größten Erfolge/Misserfolge?
Kommentar: Beispielsweise kann man unter Erfolg das Bewältigen von Herausforderungen und Erreichen gesetzter Ziele verstehen. Liegen Ihre Erfolge mehr im beruflichen oder im

privaten Bereich? Sind sie auf Fleiß, Leistungswillen und Zielstrebigkeit zurückzuführen? Welche Konsequenzen hat der Bewerber aus Misserfolgen gezogen?

Frage: Wenn Sie noch einmal beruflich von vorne beginnen müssten, was würden Sie anders machen? Welchen Beruf würden Sie sonst gerne ergreifen?
Kommentar: Man will von Ihnen erfahren, wie überzeugt und zufrieden Sie mit Ihrer Berufswahl sind und wie konsequent Sie hinter dem stehen, was Sie tun. Wer hier ganz andere Berufe aufzählt, in denen er viel lieber arbeiten würde, zeigt damit, dass er den jetzigen Beruf nur halbherzig ausübt. Die Stelle können Sie dann vergessen. Geben Sie also eine diplomatische Antwort, nennen Sie verwandte Berufe, zeigen Sie, dass Sie hinter Ihren Entscheidungen stehen.

Konsequenz zeigen

Frage: Arbeiten Sie lieber allein oder mit anderen zusammen? Was verstehen Sie unter guter Zusammenarbeit?
Kommentar: Sind Sie eher Einzelkämpfer oder Gruppenmensch, eher introvertiert oder extrovertiert? Versichern Sie sich vorher, was für die Stelle erforderlich ist. Meistens werden heute teamfähige Kandidaten gesucht.

Frage: Welche Erwartungen haben Sie an künftige Kollegen oder Vorgesetzte?
Kommentar: Die Firma will wissen, ob Sie in die Abteilung passen und ob man mit Ihnen gut zusammenarbeiten kann. Oder sind Konflikte vorprogrammiert?

Beispiele: Mitarbeiter sollten fachlich gut sein, fleißig, fähig zu guter Zusammenarbeit usw. Vorgesetzte sollten fair sein, kooperativ führen, Begeisterung ausstrahlen usw.

Ausbildung/Studium/Fachliche Kompetenz

Frage: Warum haben Sie sich für das ...studium entschieden? Wo haben Sie studiert? Welche Studienschwerpunkte haben Sie gewählt und warum?

Kommentar: Der Gesprächspartner will wissen, ob Sie Ihre Berufswahl geplant haben. Oder ist die Wahl des Studienfachs, des Studienortes und der Schwerpunkte eher zufällig getroffen worden? Aus der Antwort kann man Rückschlüsse auf die Kompetenz und Motivation für die angebotene Stelle ableiten.

Zielstrebigkeit ist gefragt

Überzeugen Sie Ihren Gesprächspartner, dass Sie wissen, was Sie wollen und dass Sie Ihren Ausbildungsweg auf der Grundlage Ihrer Interessen und Neigungen geplant haben. Stellen Sie den Bezug zwischen Ihren Studienschwerpunkten und dem angestrebten Arbeitsplatz dar.

Frage: Welche Fächer hatten Sie während des Studiums /Ihrer Ausbildung am liebsten? Welche nicht?
Kommentar: Stehen Ihre Lieblingsfächer mit Ihrer jetzigen Bewerbung/mit dem angestrebten Arbeitsplatz in Beziehung? Wie früh war eine spezielle Neigung oder Begabung bereits erkennbar?

Es versteht sich von selbst, dass Sie in den Fächern, die Sie hier angeben, gute Noten vorweisen können.

Frage: Welche Praktika haben Sie absolviert und wo?
Kommentar: Hat der Bewerber die Praktikumsstellen gezielt ausgesucht und sich frühzeitig darum bemüht? Haben Sie einen Bezug zur jetzigen/zur angestrebten Tätigkeit? Welche Erfahrungen aus dem Praktikum sind verwendbar?

Frage: Wie lautet das Thema Ihrer Diplomarbeit? Wie sind Sie darauf gekommen? Geben Sie mir mal eine kurze Zusammenfassung.
Kommentar: Haben Sie das Thema gezielt ausgewählt oder es eher zufällig bekommen? Hat es Praxisbezug? Sind Sie in der Lage, ein komplexes Thema einfach und verständlich darzustellen? Wie steht es um Ihre Formulierungsfähigkeiten?

Bereiten Sie zu Hause einen kurzen und interessanten Vortrag vor. Wählen Sie eine dreiteilige Gliederung: 1. Kurze Problemdarstellung, 2. Welche Untersuchungsmethoden haben Sie eingesetzt?, 3. Welche Ergebnisse haben Sie erhalten und wie sind sie zu bewerten? Denken Sie daran, dass der Personalchef gewöhnlich kein Spezialist auf Ihrem Fachgebiet ist.

Frage: Was tun Sie fachlich besonders gern/ungern und warum?
Kommentar: Ihre Angaben werden verglichen mit den Anforderungen der Stelle. Besonders gern sollten Sie Dinge tun, die den fachlichen Anforderungen der Stelle entsprechen. Ungern machen Sie – möglicherweise – Routinearbeiten, wo Sie Ihre Fähigkeiten nicht ausreichend einsetzen können oder Ihre Kreativität gehemmt wird.

Vorlieben sollten „passen"

Frage: Warum haben Sie bis jetzt noch keine Stelle gefunden? Können Sie mir diese Lücken im Lebenslauf erklären?
Kommentar: Geben Sie hier ehrliche und plausible Antworten. Zeigen Sie, dass Sie nicht gefaulenzt, sondern sich durch vielfältige Aktivitäten um eine Stelle bemüht haben. Sagen Sie, dass Sie nicht irgendeine Stelle suchen, sondern ein Unternehmen, wo Sie sich langfristig engagieren können. Nennen Sie Weiterbildungen, mit denen Sie die Zeit überbrückt haben.

Frage: Warum sollten wir gerade Sie einstellen? Warum glauben Sie, dass gerade Sie für den Job geeignet sind.
Kommentar: Hier soll Ihr Selbstbewusstsein überprüft werden. Ihr Gesprächspartner will wissen, was Sie von sich halten. Sie müssen noch einmal alle Argumente zusammenfassen, die für Sie sprechen. Zeigen Sie, dass Sie die Anforderungen der Stelle mit Ihren Fähigkeiten und Eigenschaften optimal abdecken.

Ein gesunder Egoismus und eine positive Einstellung sind für eine richtige Antwort unerlässlich.

Berufliche Zielvorstellungen und Erwartungen

Frage: Wie sehen Ihre beruflichen Zielvorstellungen/Pläne aus? Was wollen Sie in fünf Jahren erreicht haben?
Kommentar: Wie sieht es aus mit Ihren Karriereplänen, Ihrem Ehrgeiz und Ihrer Selbsteinschätzung? Planen Sie Ihre Zukunft? Zeigen Sie, dass Sie weiterkommen wollen, aber

geben Sie keine unrealistischen Antworten. Stellen Sie heraus, dass Sie vor allem gute Arbeit leisten wollen.

Frage: Wie lange wollen Sie bei uns bleiben?
Kommentar: Diese Frage wird dann gestellt, wenn der Interviewer daran denkt, Sie einzustellen. Besonders dann, wenn die Firma eine Menge Geld in die Ausbildung und Einarbeitung des neuen Mitarbeiters investiert, ist sie an einer stabilen Bindung interessiert. Signalisieren Sie Ihrem Gespächspartner, dass Sie gerne dauerhaft bei dieser Firma arbeiten würden, solange Ihnen die Möglichkeit geboten wird, beruflich weiterzukommen und Ihre Ziele zu verwirklichen.

Dauerhaftes Interesse signalisieren

Frage: Welche Gehaltsvorstellungen haben Sie?
Kommentar: Kennt der Bewerber seinen Wert? Hat er realistische Gehaltsvorstellungen? Informieren Sie sich rechtzeitig über Gehälter. (Erläuterungen siehe weiter unten.)

Frage: Wie lange wird es Ihrer Meinung nach dauern, bis Sie sich eingearbeitet haben?
Kommentar: Qualifizierte Tätigkeiten erfordern längere Einarbeitungszeiten. Allerdings möchte die Firma schnell sehen, dass Sie Ihr Geld wert sind. Lassen Sie sich Ihren Zuständigkeitsbereich eventuell noch näher erläutern, bevor Sie antworten. Betonen Sie, dass Sie sich den Anforderungen der Stelle gewachsen fühlen.

Persönliche und familiäre Situation/Freizeitinteressen

Frage: Wie sehen Ihre persönlichen Lebensziele aus?
Kommentar: Lassen sich private und berufliche Lebensplanung miteinander vereinbaren? Welchen Einfluss haben die persönlichen Lebensziele auf das berufliche Engagement? Schränken Sie es möglicherweise ein?

Frage: Sind Sie verheiratet? Haben Sie Kinder? Wie sieht Ihre familiäre Zukunft aus? Welchen Beruf übt Ihr Ehepartner aus?

Kommentar: Die Bindungen und Einflüsse des Bewerbers sollen festgestellt werden. Hat er Rückhalt durch eine Familie? Wie ist er durch Kinder oder den Beruf des Partners räumlich gebunden?

Frage: Was sagt Ihr Partner/Ihre Partnerin zu Ihren Berufsplänen/zum beabsichtigten Stellenwechsel?
Kommentar: Kennt Ihre Familie Ihre Berufspläne oder gibt es Spannungen bei Ortswechseln? Bekommen Sie Unterstützung? Ist Ihre Familie mit Ihren Plänen einverstanden oder gibt es Hindernisse? Wer hier zugeben muss, dass er noch nichts besprochen hat, veschlechtert seine Chancen erheblich.

Frage: Welche Hobbys haben Sie? Was machen Sie in Ihrer Freizeit?
Kommentar: Es geht um das Kennenlernen Ihrer außerberuflichen Interessen. Haben Sie einen Ausgleich zu Ihrer Arbeit und gestalten Sie Ihre Freizeit aktiv?

Keine Beeinträchtigung

Nennen Sie Ihrem Gesprächspartner sinnvolle Freizeitbeschäftigungen. Denn das wird erwartet. Es darf allerdings nicht der Eindruck entstehen, dass Ihre Arbeitsleistungen durch Ihr Hobby beeinträchtigt werden. Seien Sie deshalb vorsichtig bei Hobbys, die zeitlich oder finanziell sehr aufwendig oder sogar gefährlich sind. Haben Sie zufällig die gleichen Hobbys wie Ihr Gesprächspartner, erhöht das häufig die Sympathie. Machen Sie sich auf Nachfragen gefasst.

Frage: Sie sind Sie in irgendwelchen Vereinen oder Organisationen tätig? Welche Aktivitäten haben Sie außerhalb der Uni betrieben?
Kommentar: Mit Engagement außerhalb des Studiums zeigen Sie Initiative und Kommunikationsfreude. Solche Aktivitäten werden deshalb gerne gesehen, solange die Arbeit dadurch nicht beeinträchtigt wird.

Frage: Welche Bücher haben Sie im letzten Jahr gelesen? Welche Zeitungen oder Zeitschriften lesen Sie? Gehen Sie ins Theater, Kino usw.?

Kommentar: Es geht um Ihre Allgemeinbildung. Sind Sie geistig beweglich? Mit welchen Dingen außerhalb Ihres Fachbereichs beschäftigen Sie sich? Nennen Sie keine Bücher oder Zeitschriften, die Sie nicht gelesen haben. Es könnten Nachfragen kommen.

Das Stressinterview

Im normalen Vorstellungsgespräch ist man gewöhnlich bemüht eine entspannte Atmosphäre zu schaffen. Ganz anders sieht es aus in einem Stressinterview, einer besonderen Form des Vorstellungsgespräches, in dem die Interviewer bewußt Stress erzeugen um zu testen, wie der Bewerber mit solchen Situationen fertig wird. Stressinterviews sind eher selten. Man kann damit konfrontiert werden, wenn man sich um eine Tätigkeit bewirbt, in der man geschickt im Umgang mit Menschen sein muss, beispielsweise im Vertrieb. Die Firma möchte dadurch überprüfen, wie belastbar und stressstabil der Bewerber ist und ob er auch schwierigen Situationen gewachsen ist. Schließlich kann der Bewerber bei seiner späteren Tätigkeit in Situationen kommen, wo es wichtig ist, die Nerven zu behalten.

Belastbarkeit testen

Oft sitzen dem Bewerber zwei Interviewer gegenüber, die ihn abwechselnd mit ihren Fragen in die Zange nehmen.

Im Stressinterview wird der Bewerber bewusst provoziert. Das geschieht durch unfaire und aggressive Fragen, die teilweise sehr in den persönlichen Bereich gehen. Vereinzelt können solche Fragen auch im normalen Vorstellungsgespräch vorkommen, im Stressinterview aber werden sie systematisch eingesetzt und dienen dazu, den Bewerber aus dem Konzept zu bringen oder in die Enge zu treiben:

- Warum wollen Sie überhaupt Ihre Stelle wechseln? Ist Ihre Firma mit Ihnen nicht zufrieden?
- Sie haben gerade gesagt, dass Sie ... In Ihren Unterlagen steht aber ... Was soll ich Ihnen eigentlich glauben?

- Verkaufen Sie mir diesen Kugelschreiber, den ich in der Hand halte.
- Wie würden Sie mich als Interviewer beurteilen?
- Denken Sie wirklich, dass Sie qualifiziert genug für diese Stelle sind?
- Bisher haben Sie eine eher mäßige Vorstellung geboten. Was sagen Sie dazu?
- Für Frauen: Warum sollen wir Sie denn einstellen? Sie werden doch sicher bald heiraten und Kinder haben.

Unsicherheit provozieren

Daneben versucht der Interviewer auch durch sein übriges Verhalten den Bewerber unsicher zu machen und aus der Fassung zu bringen. Dazu gehört es beharrlich zu schweigen, den Bewerber mitten im Satz zu unterbrechen, ihn unter Zeitdruck zu setzen, ihm keine Zeit zum Nachdenken zu lassen, das Gesprächsthema abrupt zu wechseln, die Aussagen des Bewerbers anzuzweifeln oder ihnen zu widersprechen.

Die wichtigste Regel für Ihr Verhalten ist ruhig und freundlich zu bleiben und sich nicht provozieren zu lassen. Denken Sie daran, man hat nichts gegen Sie persönlich, sondern man will testen, ob Sie immer einen kühlen Kopf bewahren und mit belastenden Situationen fertig werden. Auch wenn es schwer fällt, sollten Sie die folgenden Ratschläge beherzigen:

- Überlegen Sie vor jeder Antwort, was Sie sagen und wie Sie es formulieren. Antworten Sie dann in einem freundlichen und sachlichen Ton.
- Sprechen Sie langsam, dann können Sie überlegen und verhaspeln sich nicht so leicht.
- Lassen Sie sich bei unfairen oder sogar unverschämten Fragen nicht zu emotionalen Reaktionen hinreißen. Bleiben Sie sachlich.
- Weisen Sie unfaire oder unverschämte Fragen höflich zurück oder ignorieren Sie solche Fragen, indem Sie am Thema vorbeireden.
- Stellen Sie Gegenfragen um Zeit zum Überlegen zu gewinnen: „Ich habe Ihre Frage nicht verstanden. Was wollen Sie damit bezwecken?“, „Was meinen Sie genau mit dieser Frage?“, „Können Sie mir diese Frage näher erläutern?“

Mit Fragen das Gespräch lenken

Man kann immer wieder feststellen, dass viele Bewerber die Möglichkeit eigene Fragen zu stellen nur unzureichend nutzen. Sie lassen sich zwar über alles Mögliche ausfragen, informieren sich aber selbst nicht genügend über den neuen Arbeitsplatz.

In den meisten Gesprächen werden Sie am Ende gefragt, ob Sie noch Fragen haben. Darauf sollten Sie allerdings nicht warten, sondern schon vorher das Gespräch durch Ihre Fragen mitgestalten.

Schweigen ist Desinteresse

Von einem Hochschulabsolventen erwarten Personalfachleute, dass er sich mit gezielten Fragen über die Firma und den neuen Arbeitsplatz informiert. Damit zeigt der Bewerber, dass er sich vorbereitet hat und ein kompetenter Gesprächspartner ist. Hält sich der Bewerber mit eigenen Fragen zurück, entsteht leicht der Eindruck, dass ihm das Interesse fehlt und es ihm nur um irgendeine Stelle in irgendeiner Firma geht.

Natürlich kommt es darauf an, die richtigen Fragen zu stellen. Denn aus der Art der Fragen schließt der Interviewer auf die Motivation und Kompetenz des Bewerbers. Deshalb wird man in folgenden Fällen sicher eher einen schlechten Eindruck erzeugen:

- Sie stellen Fragen, die Sie vor dem Gespäch selbst hätten klären müssen.
- Sie haben nicht richtig zugehört und fragen nach Dingen, die schon im Verlauf des Gesprächs erläutert wurden.
- Sie fragen zuerst nach Urlaub, Pausenregelungen oder Sozialleistungen.

Wer fragt, führt

Mit eigenen Fragen haben Sie einen weiteren Vorteil: Sie können das Gespräch lenken. Ein wichtiger Grundsatz besagt nämlich: Wer fragt, führt das Gespräch. Wenn Sie also die richtigen Fragen stellen, halten Sie das Gespräch in der Hand und bestimmen das Ergebnis. Das setzt voraus, dass Sie Ihrem Gesprächspartner aufmerksam zuhören um neue Anknüpfungspunkte für die eigenen Fragen zu bekommen.

Fragen, die Sie stellen sollten

Im Folgenden sind einige Themen angesprochen, über die Sie sich informieren sollten. Diese Aufstellung dient lediglich als Anregung. In Bezug auf den konkreten Arbeitsplatz und Ihre persönliche Situation gibt es sicher noch andere Fragen, die für Sie interessant sein können.

Alle Fragen notieren

Damit Sie nichts vergessen, können Sie Ihre Fragen auch auf einem Zettel notieren. Allerdings sollten Sie diesen Zettel nicht monoton herunterlesen.

Einmal müssen Sie alle Punkte klären, die auch in den Arbeitsvertrag gehören. Fragen zu den genauen Arbeitskonditionen sollte man allerdings erst stellen, wenn man in die engste Wahl gekommen ist, also im zweiten Gespräch:

- eine genaue Beschreibung Ihrer Tätigkeit und Ihres Aufgabengebietes, der Kompetenzen, des Verantwortungsbereichs
- genauer Eintrittstermin, Probezeit, Vertragsdauer, Kündigungsfristen
- Höhe des Gehalts, Weihnachtsgeld, Urlaubsgeld, Überstundenvergütung, sonstige Zulagen
- Arbeitszeit und Urlaub
- soziale Leistungen, Altersversorgung.

Fragenkatalog

Weitere Fragen, die Sie stellen können, sind:

- Wie viele Mitarbeiter hat das Unternehmen?
- Wie sehen die Zukunftspläne des Unternehmens aus?
- In welche Länder exportiert das Unternehmen?
- Warum wird die Stelle neu besetzt bzw. geschaffen?
- Wie ist der Arbeitsplatz ausgestattet?
- Wie erfolgt die Einarbeitung?
- Welche Weiterbildungsmöglichkeiten gibt es?
- Welche Personalführungsgrundsätze gibt es?
- Gibt es Hilfen bei der Wohnungsbeschaffung?
- Haben Sie noch weiteres Informationsmaterial?
- Gibt es eine Stellenbeschreibung für die ausgeschriebene Tätigkeit?

- Gibt es einen Organisationsplan des Unternehmens?
- Kann ich meinen zukünftigen Arbeitsplatz sehen?
- Mit wem werde ich zusammenarbeiten? Besteht die Möglichkeit Mitarbeiter/Vorgesetzte kennenzulernen?
- In welchen Umfang muss ich mit Reisen rechnen?
- Gibt es Mitarbeiterbeurteilungen, aus denen deutlich wird, wie man eingeschätzt wird?
- Welche Entwicklungsmöglichkeiten gibt es für mich im Unternehmen?

Unzulässige und „kritische" Fragen

Im Prinzip wahrheitsgemäß

Grundsätzlich müssen Bewerber alle für das Arbeitsverhältnis wichtigen Fragen wahrheitsgemäß beantworten. Allerdings gilt das nur, wenn sich die Fragen auf die Eignung für den konkreten Arbeitsplatz beziehen. So sind beispielsweise alle Fragen nach der Schul- und Berufsausbildung, dem beruflichen Werdegang, früheren Arbeitsverhältnissen, Zeugnissen und Prüfungsergebnissen zulässig und müssen ehrlich beantwortet werden.

Anders sieht es aus bei Fragen, die sich auf die private Sphäre beziehen. Sie sind in vielen Fällen unzulässig und brauchen nicht beantwortet zu werden. Da eine Verweigerung der Antwort dem Bewerber aber manchmal schaden kann, hat die Rechtsprechung für solche Fälle „Notlügen" zugelassen.

Unter bestimmten Voraussetzungen muss der Bewerber ungünstige Umstände oder Eigenschaften auch ungefragt angeben, und zwar dann, wenn dadurch die Ausübung der künftigen Tätigkeit nicht oder nicht uneingeschränkt möglich ist.

Hier die rechtlichen Richtlinien zu verschiedenen kritischen Punkten:

Höhe des Gehalts

Die Frage nach der Höhe des Gehalts muss wahrheitsgemäß beantwortet werden, wenn das bisherige Gehalt Rückschlüsse auf die Eignung für die angestrebte Position zulässt. Eine vorsätzlich falsche Gehaltsangabe mit der Absicht ein höheres Gehalt zu erreichen berechtigt die Firma zur Anfechtung des Arbeitsverhältnisses wegen arglistiger Täuschung.

Gesundheitszustand

Beeinträchtigungen ungefragt offenbaren

Ausgeheilte Krankheiten und Erkrankungen, die für die vorgesehene Tätigkeit nicht von Bedeutung sind, dürfen verschwiegen werden. Wer allerdings an einer Krankheit leidet, die seine Leistung am zu besetzenden Arbeitsplatz erheblich beeinträchtigen kann, muss dies auch ungefragt offenbaren. Ansteckende Krankheiten müssen ebenso mitgeteilt werden. Um sicher zu gehen verlangen viele Unternehmen vor Abschluss des Arbeitsvertrages eine Einstellungsuntersuchung.

Schwerbehinderung

Die Frage nach der Schwerbehinderteneigenschaft ist zulässig, denn die Beschäftigung Schwerbehinderter ist für den Arbeitgeber mit besonderen gesetzlichen Verpflichtungen verbunden. Von sich aus braucht der Bewerber nur darauf hinzuweisen, wenn er die vorgesehene Tätigkeit nicht oder nur sehr eingeschränkt ausüben kann.

Schwangerschaft

Verstoß gegen Gleichbehandlung

Nach der jetzigen Rechtsprechung des Bundesarbeitsgerichts ist die Frage nach einer bestehenden Schwangerschaft unzulässig, da sie weibliche Bewerber benachteiligt und somit gegen den Grundsatz der Gleichbehandlung von Männern und Frauen verstößt. Auf eine bestehende Schwangerschaft hinweisen müssen Bewerberinnen dann, wenn sie die Arbeit an dem vorgesehenen Arbeitsplatz nicht leisten können oder dürfen. Fragen nach einer bevorstehenden Heirat und nach der Familienplanung sind ebenfalls nicht erlaubt.

Vorstrafen

Fragen nach Vorstrafen sind dann zulässig, wenn die Strafe für die angestrebte Stelle von Bedeutung ist. So ist beispielsweise die Frage berechtigt, ob ein Kassierer Unterschlagungen begangen hat oder ob ein Kraftfahrer im Verkehr straffällig geworden ist. Vorstrafen, die für die angestrebte Tätigkeit ohne Belang sind, darf man verschweigen.

Einkommens- und Vermögensverhältnisse

Oft wird im Personalbogen oder im Gespräch Auskunft über Schulden, Lohn- oder Gehaltspfändungen sowie Bürgschafts- und Abzahlungsverpflichtungen verlangt. Diese Fragen sind jedoch nur zulässig bei leitenden Angestellten und Mitarbeitern, die sich um eine besondere Vertrauensstellung bewerben. Wer sich als Filialleiter einer Bank bewirbt, darf nach seinen finanziellen Verhältnissen gefragt werden. Sonst aber sind Fragen nach Schulden unzulässig.

Religions-, Partei- und Gewerkschaftszugehörigkeit

Fragen nach der Religions-, Partei- und Gewerkschaftszugehörigkeit sind grundsätzlich unzulässig, es sei denn, Sie bewerben sich bei kirchlichen, parteilichen oder gewerkschaftlichen Institutionen, also sogenannten Tendenzbetrieben, die eine besondere Loyalität erwarten müssen.

Ausnahme: Tendenzbetriebe

Rechtliche Folgen bei Täuschung

Hat der Bewerber vorsätzlich falsche Antworten auf zulässige Fragen gegeben oder für das Arbeitsverhältnis wesentliche Tatsachen verschwiegen, besitzt der Arbeitgeber folgende Reaktionsmöglichkeiten:

- Erstens: Der Arbeitgeber kann den Arbeitsvertrag fristlos kündigen. Allerdings muss er das innerhalb von zwei Wochen nach Bekanntwerden der Täuschung tun.
- Zweitens: Der Arbeitgeber kann den Arbeitsvertrag auch anfechten. Die Anfechtung bewirkt, dass der zunächst wirksame Arbeitsvertrag für die Zukunft unwirksam wird.

Zusätzlich kann der Arbeitgeber unter bestimmten Voraussetzungen Schadensersatzansprüche geltend machen.

Wie verhandle ich über das Gehalt?

Das Thema Gehalt spielt für jedes Arbeitsverhältnis eine entscheidende Rolle. Für die meisten Bewerber bilden Tarifverträge direkt oder indirekt die Basis für das zukünftige Gehalt. Außertarifliche und leitende Angestellte müssen ihr Gehalt individuell aushandeln.

Gewöhnlich wird Ihnen die Frage nach Ihren Gehaltsvorstellungen gegen Ende des Vorstellungsgespräches gestellt. Jeder möchte verständlicherweise eine angemessene Vergütung für seine Arbeit bekommen und sich nicht unter Wert verkaufen. Es stellt sich immer wieder heraus, dass besonders Berufsanfänger mit dieser Frage Schwierigkeiten haben, da sie ihren Marktwert aufgrund der fehlenden Berufserfahrung noch nicht richtig einschätzen können.

Schwierig für Berufsanfänger

Grundsätzlich müssen Sie sich zuerst einmal ausreichend über die Gehälter in Ihrer Berufsgruppe und für die angestrebte Position informieren. Dazu gehören auch Informationen über mögliche Zusatzleistungen wie Urlaubsgeld, Weihnachtsgeld, betriebliche Altersversorgung, vermögenswirksame Leistungen, Zusatzversicherungen, Firmen-PKW. Informationen über Gehälter und Nebenleistungen können Sie beim Arbeitsamt, bei Gewerkschaften, IHKs und Arbeitgeberverbänden erhalten. Hilfreich sind außerdem die Veröffentlichungen von Gehaltsvergleichen in Wirtschaftsmagazinen und Fachzeitungen. Gelegentlich sind solche Vergleiche mit Computeraktionen verknüpft. An diesen Aktionen kann sich jeder beteiligen und die für ihn angemessene Bezahlung durch den Computer ausrechnen lassen.

Informationsmöglichkeiten

Wenn Sie erfolgreich verhandeln und bestimmte Vorstellungen durchsetzen wollen, müssen Sie Ihre Forderungen auf jeden Fall überzeugend begründen können. Dazu ist neben den allgemeinen Informationen über Gehälter Folgendes wichtig:

- Sie müssen genau wissen, was Sie anzubieten haben und Ihren Wert richtig einschätzen können.
- Sie müssen über das Unternehmen und die angestrebte Stelle gut informiert sein.

Besonders Großunternehmen haben häufig ein festes Gehaltssystem, in dem die Einstiegsgehälter für Berufsanfänger festliegen. Hat der Bewerber ein gutes Examen, Spezialkenntnisse, eine abgeschlossene Lehre, interessante Praktika oder eine Promotion aufzuweisen, wird das bei vielen Firmen mit einem höheren Anfangsgehalt belohnt. Firmenspezifische Unterschiede ergeben sich aus der Branchenzugehörigkeit, der Unternehmensgröße, Ertragssituation und dem Standort der Firma. So sind im Handel und in der Kreditwirtschaft die Gehälter niedriger als in der Industrie. In Großstädten wird wegen der höheren Lebenshaltungskosten ein besseres Gehalt gezahlt als in Kleinstädten.

Die Höhe des Monatseinkommens ist meistens wenig aussagekräftig. Deshalb sollten Sie immer über Jahresgehälter verhandeln. Im Gegensatz zu Monatsgehältern sind darin sämtliche Zahlungen enthalten, sodass sich unterschiedliche Gehaltsangebote besser vergleichen lassen.

Aussagekräftiger: Jahresgehälter

Zusatzleistungen können das Gehalt beträchtlich erhöhen. Um darüber verhandeln zu können sollten Sie wichtigsten Zusatzleistungen kennen:

- Urlaubsgeld
- Weihnachtsgeld
- Altersversorgung
- Gewinn-, Erfolgsbeteiligungen/Provisionen
- vermögenswirksame Leistungen
- Belegschaftsaktien
- Dienst-/Firmenwagen
- zinsfreie oder zinsgünstige Darlehen
- Dienstwohnungen oder Mietzuschüsse
- Übernahme von Umzugskosten
- Trennungsentschädigungen
- Reisekosten, Spesen, Fahrtkostenzuschüsse
- längere Gehaltsfortzahlung bei Krankheit oder Unfall
- verbilligte Einkaufsmöglichkeiten
- Kur- und Urlaubsaufenthalte in firmeneigenen Häusern
- kostenlose ärztliche Untersuchungen
- Essensgeldzuschuss
- Bildungsurlaub.

Bei der Gehaltsverhandlung sollte man immer auch die Entwicklungs- und Karrieremöglichkeiten im Unternehmen einbeziehen. So kann es sinnvoll sein, ein geringeres Anfangsgehalt zu akzeptieren, weil das in einigen Jahren durch ein höheres Einkommen wieder ausgeglichen sein kann.

Wer aus einer ungekündigten Position einen Stellenwechsel anstrebt, kann gewöhnlich 10–15 Prozent mehr Gehalt fordern. Zeigt das Unternehmen großes Interesse, kann man sogar versuchen, noch mehr rauszuholen.

Die richtige Taktik für das Gehaltsgespräch

Noch einige Ratschläge für die richtige Taktik im Gehaltsgespräch:

Regeln für die Verhandlungstaktik

- Legen Sie sich nicht schon im Bewerbungsschreiben fest, wenn Sie aufgefordert werden, Gehaltsvorstellungen anzugeben. Geben Sie stattdessen Ihr derzeitiges oder letztes Einkommen an. Berufseinsteiger sollten im Anschreiben auf Gehaltsangaben möglichst verzichten.
- Schneiden Sie von selbst das Thema Gehalt erst möglichst spät an, wenn Sie alle wichtigen Informationen über die Firma und den neuen Arbeitsplatz kennen. In den meisten Fällen wird Ihr Gesprächspartner Sie von sich aus gegen Ende des Gesprächs nach Ihren Vorstellungen fragen.
- Berufsanfänger sollten sich zuerst ein Angebot machen lassen, bevor Sie eigene Forderungen angeben. Fragen Sie: „Welchen Gehaltsrahmen hat die Stelle?“ oder „Welches Gehalt schwebt Ihnen vor?“
- Wartet man auf Ihre Antwort, geben Sie die Summe an, die Sie aus aktuellen Gehaltsübersichten erfahren haben.
- Seien Sie mit Ihrer Forderung flexibel, denn Starrheit schadet nur der Gesprächsatmosphäre. Geben Sie einen Gehaltsrahmen (von … bis …) an, damit noch Verhandlungsspielraum bleibt.
- Sagen Sie die Wahrheit, wenn Sie Ihr derzeitiges Einkommen angeben sollen. Täuschungen und Halbwahrheiten werfen ein schlechtes Licht auf Ihre Person. Anhand der

Lohnsteuerkarte lassen sich Ihre Angaben meist sowieso überprüfen.

- Wenn Ihre Vorstellungen und das Angebot der Firma zu weit auseinander liegen, können Sie einen Kompromiss anbieten: In der Probezeit für ein geringeres Gehalt zu arbeiten als danach. Gibt man Ihnen die mündliche Zusage, dass Ihr Gehalt nach der Probezeit erhöht wird, bestehen Sie darauf, dass diese Vereinbarung in den Arbeitsvertrag aufgenommen wird.
- Stellen Sie das Geld nicht in den Mittelpunkt. Es weckt Zweifel an Ihrer beruflichen Motivation, wenn Ihre Gedanken offensichtlich nur um das Gehalt kreisen.

Und denken Sie zum Schluss daran: Nur mit überzeugenden Argumenten können Sie Ihre Vorstellungen weitgehend durchsetzen.

Einstiegsgehälter von Hochschulabsolventen

Spielraum mit Zusatzqualifikationen

Für Berufsanfänger ist es besonders schwierig, angemessene Gehaltsangaben zu machen. Da ihnen fast immer jede tiefgehende Berufserfahrung fehlt, können sie ihren Marktwert nur schwer abschätzen. Andererseits besteht häufig kein großer Verhandlungsspielraum, weil die Anfangsgehälter in vielen Unternehmen festliegen. Nur mit interessanten Zusatzqualifikationen kann man ein höheres Einstiegsgehalt erreichen.

Für Wirtschaftswissenschaftler liegen die Anfangsgehälter zwischen 55 000 und 75 000 DM. In der Gruppe der Ingenieure, Naturwissenschaftler, Informatiker liegt die Bandbreite etwa zwischen 55 000 und 80 000 DM. Absolventen von Fachhochschulen müssen mit etwa 10 Prozent weniger Gehalt als ihre Unikollegen rechnen. Nach einigen Berufsjahren spielen die unterschiedlichen Ausbildungsgänge aber keine Rolle mehr. Dann zählt nur noch die Leistung am Arbeitsplatz.

Wer in den öffentlichen Dienst einsteigt, bekommt nach BAT IIa/b je nach Alter ein Gehalt zwischen 55 000 und 63 000 DM.

Zur Orientierung für Berufsanfänger dient die folgende Liste von Einstiegsgehältern einiger Fachrichtungen. Bedenken Sie, dass es sich hier um Durchschnittswerte handelt und die Schwankungsbreite beträchtlich sein kann.

Einstiegsgehälter von Absolventen mit Uniabschluss 1997

Dipl.-Psychologe	60 000 DM
Dipl.-Volkswirt	62 500 DM
Dipl.-Kaufmann	69 500 DM
Dipl.-Mathematiker	68 000 DM
Dipl.-Ingenieur	69 500 DM
Jurist (2. Examen)	74 000 DM
Dipl.-Physiker	74 000 DM
Dipl.-Wirtschaftsingenieur	75 500 DM
Dipl.-Informatiker	78 500 DM
Dipl.-Chemiker	81 500 DM

Mit Promotion ist das Gehalt um ca. 10 000 DM höher.

Einstiegsgehälter von Absolventen mit Fachhochschulabschluss

Dipl.-Betriebswirt	58 000 DM
Dipl.-Ingenieur	59 000 DM
Dipl.-Wirtschaftsingenieur	64 000 DM
Dipl.-Informatiker	68 800 DM

(Quelle: Kienbaum-Vergütungsberatung, Gummersbach)

Danach: Auswerten und Nachfassen

In jedem Fall wichtig

Wenn das Vorstellungsgespräch beendet ist, atmen die meisten Bewerber erst einmal auf und wollen abschalten. Egal, ob das Gespräch gut oder schlecht „gelaufen" ist, Sie sollten sich immer die Zeit für eine systematische Auswertung des Gespräches nehmen. In dem einen Fall können Sie dadurch die eigenen Schwachstellen aufdecken und ermitteln, wo Sie sich für das nächste Gespräch besser vorbereiten müssen. Im anderen Fall müssen Sie die Informationen und Ergebnisse aus dem Gespräch auswerten um sich besser entscheiden zu können, ob dies der richtige Arbeitsplatz für Sie ist.

Die Nachbereitung sollten Sie möglichst bald nach dem Gespräch machen, damit Sie alles noch frisch im Gedächtnis haben. Zwar hat man als Bewerber gewöhnlich wenig Lust dazu, aber wenn Sie die Auswertung aufschieben, passiert es leicht, dass wichtige Dinge schon wieder in Vergessenheit geraten. Gehen Sie dazu das Gespräch in Gedanken noch einmal durch und analysieren Sie die einzelnen Phasen. Versuchen Sie dabei ehrlich und selbstkritisch zu sein, sonst haben Sie nichts davon.

Schlussfolgerungen ziehen

Fragen Sie sich, an welchen Punkten das Gespräch schlecht gelaufen ist und warum. Analysieren Sie die Schwachpunkte im Gespräch. Überlegen Sie sich, was Sie für künftige Vorstellungsgespräche tun können um Schwachstellen abzubauen und Fehler zu vermeiden. Analysieren Sie auch Ihre Stärken, damit Sie diese in Zukunft noch besser herausstellen können. Die folgenden Punkte können als Anregung für eine gründliche Aufarbeitung dienen:

Zur Firma:

- Wer waren meine Gesprächspartner? Welchen Eindruck habe ich von Ihnen?
- Welchen Eindruck habe ich von der Firma gewonnen?
- Welche Informationen habe ich zur Stelle bekommen?
- Entspricht die Stelle meinen Erwartungen? Könnte ich mich in der Firma wohlfühlen?

Zum Gesprächsverlauf:

- Wie verlief das Gespräch insgesamt?
- Wie überzeugend waren meine Antworten?
- Mit welchen Fragen hatte ich nicht gerechnet?
- Wo hatte ich Schwierigkeiten mit meiner Antwort?
- Für welche Dinge zeigte man besonderes Interesse?
- Welche Fragen sind offen geblieben?
- Wie wurden meine Fragen beantwortet?

Fazit:

- Was habe ich gut gemacht?
- Was habe ich schlecht gemacht? Wo habe ich Schwächen?
- Was muss ich im nächsten Gespräch besser machen und wie?
- Wie schätze ich meine Chancen ein?
- Wann bekomme ich die Entscheidung der Firma?

Brieflich „nachfassen"

Es macht einen guten Eindruck, wenn Sie sich ein bis zwei Tage nach dem Gespräch mit einem Schreiben bei dem Interviewer bedanken und sich dadurch wieder in Erinnerung bringen. Mit diesem Brief zeigen Sie, dass Sie sehr an der Stelle interessiert sind. Außerdem können Sie an offene Fragen aus dem Gespräch anknüpfen und eventuell wichtige Dinge nachtragen.

Besonders sinnvoll ist das Schreiben nach dem zweiten Gespräch um auf der anderen Seite auch letzte Zweifel über den Bewerber auszuräumen. Ist das Gespräch allerdings schlecht gelaufen, kann man seine Chancen mit einem solchen Brief auch nicht verbessern.

Nach dem Gespräch bleibt Ihnen nichts anderes übrig, als geduldig abzuwarten. Je mehr Zeit allerdings verstreicht, ohne dass etwas passiert, desto mehr kann die Ungewissheit nerven. Angenehmer ist es da sicher, wenn man Ihnen einen Termin genannt hat, bis zu dem Sie eine Nachricht erhalten.

Haben Sie nach etwa zehn Tagen noch immer keinen Bescheid bekommen oder ist der angegebene Antworttermin verstrichen, sollten Sie die Initiative ergreifen und sich schriftlich oder telefonisch bei der Firma nach dem Stand der Dinge erkundigen. Warten Sie nämlich zu lange, kann das als mangelndes Interesse an der Stelle ausgelegt werden.

Aus Absagen lernen

Gründe recherchieren

Erhalten Sie nach einem Vorstellungsgespräch eine Absage, ist die Enttäuschung sicherlich groß. Leider werden Ihnen nur selten die Gründe für die Ablehnung genannt. Für den Bewerber ist es allerdings sehr hilfreich zu erfahren, warum er gescheitert ist, damit er bei künftigen Bewerbungen und Gesprächen Fehler vermeiden kann.

Rufen Sie deshalb Ihren Gesprächspartner an und fragen Sie nach den Gründen, die für die Absage ausschlaggebend waren. Fragen Sie ruhig mit gezielten Fragen nach, wenn man mit einer Antwort nicht so richtig herausrücken will: „Habe ich im Gespräch irgendwelche schweren Fehler gemacht?"; „War meine fachliche Qualifikation nicht ausreichend oder liegen die Gründe eher in meiner Persönlichkeit und meinem Verhalten?"; „Habe ich zu wenig Berufserfahrung?"

Versetzen Sie sich – bei aller Enttäuschung – auch einmal in die Lage Ihres Gesprächspartners. Je sachlicher und emotionsfreier Sie das Thema ansprechen, desto offener und nützlicher werden die Antworten sein, die Sie auf Ihre Erkundigung zu hören bekommen.

Erstattung der Vorstellungskosten

Richtlinien

Eine Vorstellung ist für den Bewerber mit Kosten verbunden. Dazu gehören neben dem Kilometergeld bei PKW-Benutzung oder den Ausgaben für eine Bahnfahrkarte auch Verpflegungs- und Unterbringungskosten, wenn sich die Firma in einer entfernten Stadt befindet. Für die Erstattung dieser Kosten gelten folgende Richtlinien:

- Werden Sie aufgefordert sich vorzustellen, muss die Firma Ihnen notwendige Reisekosten und -spesen erstatten, egal, ob ein Arbeitsvertrag zu Stande kommt oder nicht. Allerdings müssen sich die Kosten in einem angemessenen Rahmen bewegen.
- Will der Arbeitgeber Ihnen die Vorstellungskosten nicht ersetzen, so muss er Sie vorher ausdrücklich darauf hinweisen.
- Stellen Sie sich unaufgefordert bei einer Firma vor, haben Sie selbstverständlich keinen Anspruch auf Ersatz Ihrer Aufwendungen.

Der Arbeitsvertrag

Sie haben es geschafft. Man bietet Ihnen die Stelle an. Jetzt müssen Sie noch den Arbeitsvertrag unterschreiben.

Allgemeine Bemerkungen

Grundsätzlich schriftlich

Der Arbeitsvertrag regelt die rechtlichen Beziehungen zwischen Arbeitgeber und Arbeitnehmer. Eine bestimmte Form ist gesetzlich nicht vorgeschrieben. Allerdings sollte er immer nur schriftlich abgeschlossen werden, da sich mündliche Vereinbarungen im Streitfall nur schwer beweisen lassen.

Für Tarifangestellte sind die Bestimmungen des Arbeitsvertrages weitgehend durch die Tarifvereinbarungen vorgeschrieben. Leitende Angestellte und außertariflich bezahlte Mitarbeiter können die einzelnen Bestimmungen des Vertrages aushandeln.

Sorgen Sie dafür, dass in Ihrem Arbeitsvertrag möglichst alle Vereinbarungen enthalten sind, die für die zukünftige Zusammenarbeit von Bedeutung sind. Bei der inhaltlichen Gestaltung des Arbeitsvertrages müssen gesetzliche Regelungen und tarifvertragliche Vereinbarungen berücksichtigt werden.

Unterschreiben Sie den Arbeitsvertrag nicht schon nach dem ersten Vorstellungsgespräch. Bitten Sie um einige Tage Bedenkzeit und besprechen Sie den Vertragsentwurf mit Freunden oder Bekannten. Jeder seriöse Arbeitgeber wird damit einverstanden sein.

Lesen Sie sich den Vertrag genau durch, bevor Sie ihn unterschreiben, damit Sie später nicht irgendwelche bösen Überraschungen erleben.

Achten Sie darauf, dass alle mündlichen Zusagen und Vereinbarungen im Arbeitsvertrag auch schriftlich festgehalten werden.

Für Stellenwechsler gilt: Kündigen Sie den alten Arbeitsvertrag erst, wenn Sie den neuen Arbeitsvertrag in der Tasche haben. Auf mündliche Zusagen können Sie sich nicht verlassen und am Ende stehen Sie ohne Job da.

Mitbestimmung des Betriebsrats

Weiterhin sollten Sie sich bei der Vertragsverhandlung darüber informieren, ob sich der Arbeitgeber mit dem Betriebsrat über die Einstellung geeinigt hat. Nach dem Betriebsverfassungsgesetz hat der Betriebsrat im Rahmen des Einstellungsverfahrens eine Reihe von Mitbestimmungsrechten und er kann unter bestimmten Umständen seine Zustimmung verweigern. Dies gilt allerdings nicht für leitende Angestellte. Verweigert der Betriebsrat die Zustimmung, stehen Sie unter Umständen sehr dumm da und müssen sich einen neuen Job suchen.

Zum Inhalt des Arbeitsvertrages

Zur Orientierung für den Bewerber werden im Folgenden die wichtigsten Punkte eines Arbeitsvertrages behandelt.

Bezeichnung der Vertragspartner

„Zwischen der Firma ABC (im nachstehenden Text kurz Firma genannt) in … und Herrn/Frau Neumann, geboren am …, wohnhaft in …, wird folgender Arbeitsvertrag geschlossen:“

Der Arbeitsvertrag beginnt in der Regel mit einer genauen Kennzeichnung der Vertragspartner.

Beginn des Arbeitsverhältnisses

„Herr/Frau Neumann nimmt seine/ihre Tätigkeit am 01.04.19.. auf, spätestens jedoch am 01.06.19...“

Üblich ist der Eintrittstermin zu Beginn eines Quartals. Manchmal ist es zudem sinnvoll, wenn ein frühester und ein spätester Eintrittstermin bestimmt wird. Dies gilt beispielsweise für Kündigungsfristen eines bestehenden Arbeitsverhältnisses, die vom Quartalsrhythmus abweichen.

Art der Tätigkeit

„Herr/Frau Neumann wird bei uns als ... in der ... Abteilung eingestellt.“

Am besten: Stellenbeschreibung

Es liegt im Interesse des Arbeitnehmers, dass die Art der Tätigkeit und die Aufgaben des Arbeitnehmers im Arbeitsvertrag genau festgelegt werden. Im Idealfall existiert eine Stellen- bzw. Positionsbeschreibung. Sie enthält detaillierte Angaben hierzu und kann Bestandteil des Vertrages werden.

„Das Aufgabengebiet von Herrn/Frau Neumann ergibt sich aus der dem Vertrag beigefügten Stellenbeschreibung.“

Gewöhnlich behält sich der Arbeitgeber das Recht vor, den Arbeitnehmer auch an anderer Stelle als der ursprünglich vereinbarten oder auch an einem anderen Ort einzusetzen. Sie können versuchen die Möglichkeiten des Arbeitgebers durch folgende Formulierung zu beschränken:

„Sofern die Umstände es erfordern, kann der Mitarbeiter/die Mitarbeiterin an einen anderen Arbeitsplatz versetzt werden. Die Versetzung bedarf der Zustimmung des Mitarbeiters/der Mitarbeiterin, wenn unter Würdigung der Gesamtumstände ein damit verbundener Wohnungswechsel eine besondere Härte darstellt.“

Vollmachten

„Herr/Frau Neumann tritt in unser Unternehmen als Leiter/in der ... Abteilung ein. Nach Beendigung der Probezeit und anschließender Bewährung erhält er/sie Prokura.“

Darunter fallen sowohl handelsrechtliche Vollmachten wie Prokura oder Handlungsvollmacht als auch interne Vollmachten wie Anordnungs- und Weisungsbefugnisse.

Vergütung

„Als Vergütung für seine/ihre Tätigkeit erhält Herr/Frau Neumann ein monatliches Grundgehalt von DM ..., zahlbar rückwirkend jeweils am Ende des Monats. Zusätzlich zahlt die Firma ... (Hier können weitere Zahlungen wie Weihnachtsgeld und Urlaubsgeld festgelegt werden). Das Gehalt wird jährlich zum ... überprüft und neu festgesetzt."

Die Regelung der Vergütung gehört zu den wichtigsten Bestandteilen des Arbeitsvertrages. Für Tarifangestellte wird das Gehalt durch die tariflichen Vereinbarungen bestimmt. Ein festgefügtes Gehaltssystem gibt es auch für Berufseinsteiger, besonders bei Großunternehmen. Nicht tarifgebundene Angestellte müssen ihre Vergütung mit dem Arbeitgeber individuell aushandeln. Neben dem Anfangsgehalt sollte dabei auch eine Regelung hinsichtlich der Gehaltserhöhungen getroffen werden. Außerdem sollten die Regelungen über mögliche Zusatzentgelte wie Urlaubs- und Weihnachtsgeld, Gewinnbeteiligungen, Provisionen, Gratifikationen, vermögenswirksame Leistungen usw. im Vertrag enthalten sein.

Alle Zusatzleistungen

Erhöht sich das Gehalt nach der Probezeit, sollte das im Arbeitsvertrag schriftlich festgehalten werden.

„Für die Probezeit wird ein Grundgehalt von DM ... vereinbart. Nach der Probezeit erhält Herr/Frau Neumann für seine/ihre Tätigkeit ein monatliches Grundgehalt von DM ... ."

Bei leitenden Angestellten wird häufig folgende Formulierung verwendet: „Herr/Frau Neumann erhält Jahresbezüge von DM ... brutto. Diese werden in zwölf gleichen Teilbeträgen in Höhe von DM ... jeweils am Schluss eines Kalendermonats ausgezahlt."

Arbeitszeit

„Die regelmäßige wöchentliche Arbeitszeit beträgt ... Stunden. Mehrarbeit, die im Interesse der Firma notwendig ist, wird besonders vergütet."

Der Umfang der Arbeitszeit und der Pausen richtet sich nach Tarifverträgen, betrieblichen Vereinbarungen und der Arbeitszeitordnung (AZO). In der Arbeitszeitordnung werden Mindestzeiten für die Pausen und der Mindestzuschlag für die Mehrarbeit (Überstunden) festgelegt. Für die meisten Arbeitnehmer wird im Arbeitsvertrag pauschal auf die entsprechenden Regelungen hingewiesen.

Bei leitenden Angestellten findet die AZO keine Anwendung. Eventuelle Überstunden sind bereits durch das festgelegte Gehalt abgegolten.

Probezeit

„Die ersten drei (sechs) Monate des Anstellungsverhältnisses gelten als Probezeit. Während dieser Zeit kann das Anstellungsverhältnis beiderseits mit einer Frist von vier Wochen zum Monatsende gekündigt werden."

Die Probezeit beträgt normalerweise drei Monate, sie kann aber auch für sechs Monate vereinbart werden. Wenn sich die Vertragsparteien nach dieser Zeit noch nicht darüber klar sind, ob es zu einem Dauerarbeitsverhältnis kommen wird, kann die Probezeit einmal verlängert werden. Während der Probezeit sind die Kündigungsfristen kürzer als danach.

Einmalige Verlängerung

„Für die Dauer vom 1. September 19.. bis 31. März 19.. wird ein Arbeitsvertrag befristet zur Probe geschlossen."

Die Probezeit kann auch als befristetes Arbeitsverhältnis vereinbart werden. Nach ihrem Ablauf endet das Arbeitsverhältnis. Für eine weitere Zusammenarbeit muss ein neuer Arbeitsvertrag abgeschlossen werden. Günstiger für den Arbeitnehmer ist die erste Regelung.

Kündigung

„Eine Kündigung bedarf der Schriftform. Die Kündigungsfrist beträgt nach der Probezeit sechs Wochen zum Ende eines Kalendervierteljahres.

Die Kündigung ist zwar grundsätzlich an keine Form gebunden, um Missverständnisse aber auszuschließen, sollte man immer eine schriftliche Kündigung im Arbeitsvertrag vereinbaren. Für die meisten Angestellten beträgt die Kündigungsfrist aufgrund der bestehenden Tarifverträge sechs Wochen zum Quartalsende. Seit Oktober 1993 ist die gesetzliche Kündigungsfrist für Arbeiter und Angestellte einheitlich geregelt. Sie beträgt vier Wochen und kann zum 15. oder zum Ende eines Monats ausgesprochen werden. Bei längeren Arbeitsverhältnissen verlängert sich diese Frist.

Urlaub

„Der Urlaubsanspruch beträgt nach einer Beschäftigungsdauer von sechs Monaten ... Arbeitstage im Kalenderjahr. Bei der Festlegung des Urlaubs werden die Wünsche des Mitarbeiters berücksichtigt, soweit sie mit den betrieblichen Erfordernissen vereinbar sind. Nicht genommener Urlaub kann bis zum Ende des ersten Quartals des folgenden Kalenderjahres nachgeholt werden."

Es empfiehlt sich, die Anzahl der Urlaubstage und das Urlaubsgeld im Arbeitsvertrag zu regeln. Dabei müssen die Regelungen von Tarifverträgen, Betriebsvereinbarungen und des Bundesurlaubsgesetzes berücksichtigt werden. Urlaubsanspruch besteht erstmals sechs Monate nach Vertragsbeginn.

Erster Anspruch nach 6 Monaten

Firmenwagen

„Die Firma stellt Herrn/Frau Neumann für die Dauer des Arbeitsvertrages einen Dienstwagen, Modell ... , zur Verfügung, der auch für Privatfahrten genutzt werden darf. Die Benzinkosten für Privatfahrten sind von Herrn/Frau Neumann selbst zu tragen."

Für Mitarbeiter, die aufgrund ihrer Tätigkeit häufig mit dem Auto unterwegs sein müssen, kann ein Firmenwagen gestellt werden, der in begrenztem Umfang auch privat genutzt werden darf. Außerdem erhalten leitende Angestellte oft einen Firmenwagen.

Nebentätigkeiten

„Soweit eine Nebentätigkeit die betrieblichen oder die beruflichen Leistungen des Mitarbeiters erheblich beeinträchtigt, die Arbeitsgebiete des Unternehmens berührt oder besondere betriebliche Erfahrungen verwertet, ist der Mitarbeiter verpflichtet, die vorherige Zustimmung der Unternehmensleitung einzuholen."

Grundsätzlich kann der Arbeitgeber dann die Unterlassung von Nebentätigkeiten verlangen, wenn die arbeitsvertraglich geschuldete Leistung dadurch beinträchtigt wird.

Erfindungen und Verbesserungsvorschläge

„Für Erfindungen und Verbesserungsvorschläge findet das Gesetz über Arbeitnehmererfindungen Anwendung."

Für Erfindungen von Arbeitnehmern gelten die Vorschriften des Gesetzes über Arbeitnehmererfindungen, sodass es ausreicht, wenn im Arbeitsvertrag darauf Bezug genommen wird. Auch Verbesserungsvorschläge werden in vielen Unternehmen honoriert.

Wettbewerbsvereinbarungen

„Herr/Frau Neumann verpflichtet sich für die Dauer von einem Jahr nach Beendigung des Arbeitsverhältnisses weder direkt noch indirekt für ein Unternehmen tätig zu werden, das folgende Produkte herstellt oder vertreibt ... Dafür zahlt ihm/ihr die Firma eine Entschädigung von ... Prozent des letzten Gehalts."

Voraussetzungen für die Wirksamkeit

Mit Wettbewerbsvereinbarungen will sich der Arbeitgeber gegen eine Konkurrenztätigkeit des Arbeitnehmers nach Beendigung des Arbeitsverhältnisses schützen. Eine Wettbewerbsvereinbarung ist nur dann verbindlich, wenn sie dem Schutz berechtigter geschäftlicher Interessen des Arbeitgebers dient, der Arbeitgeber für die Dauer des Verbots eine Entschädigung zahlt und das Verbot höchstens zwei Jahre dauert.

Verschwiegenheitspflicht

„Der Mitarbeiter verpflichtet sich, über alle betriebsinternen Angelegenheiten und Vorgänge, insbesondere Geschäfts- und Fabrikationsgeheimnisse, die ihm im Rahmen seiner Tätigkeit zur Kenntnis gelangen, jederzeit Stillschweigen zu bewahren."

Die Verschwiegenheitspflicht besteht während des Arbeitsverhältnisses und auch danach und sie bezieht sich auf Betriebs- und Geschäftsgeheimnisse, die für das Unternehmen von Wichtigkeit sind. Sie darf den Arbeitnehmer allerdings nicht in seinem beruflichen Fortkommen behindern und muss gegenüber dem Wettbewerbsverbot klar abgegrenzt sein.

Umzugskosten

„Die Kosten des Umzugs von ... nach ... werden von der Firma in nachgewiesener Höhe (bis zu einem Höchstbetrag von DM ...) übernommen."

Großzügige Unternehmen sind auch bereit für interessante Mitarbeiter notwendige Umzugskosten zu übernehmen. Die Übernahme der Umzugskosten kann mit einer Rückzahlungsklausel verbunden sein, sodass der Arbeitnehmer bei Kündigung nach kurzer Zeit einen vorher festgelegten Teil der Kosten zurückzahlen muss.

Rückzahlungsklausel

Trennungsentschädigung

„Bis Herr/Frau Neumann eine angemessene Wohnung gefunden hat und seine/ihre Familie umzieht, wird eine Trennungsentschädigung von DM ... monatlich vereinbart. In dieser Summe sind die Kosten für eine angemessene Unterbringung, die Kosten für die doppelte Haushaltsführung und monatlich eine Familienheimfahrt enthalten."

Die Trennungsentschädigung soll den mit der Wohnungssuche verbundenen Mehraufwand ausgleichen. Sie ist oft zeitlich beschränkt und umfasst die Kosten für die doppelte Haushaltsführung, Unterbringung und gelegentliche Heimfahrten.

Zeitliche Beschränkung

Betriebliche Altersversorgung

„Das Unternehmen gewährt dem Mitarbeiter ergänzend zur gesetzlichen Rentenversicherung eine freiwillige betriebliche Altersversorgung gemäß der jeweils gültigen Pensionsregelung des Unternehmens."

Leistungen des Arbeitgebers im Rahmen der betrieblichen Altersversorgung sichern dem Arbeitnehmer eine zusätzliche Altersversorgung neben der gesetzlichen Rentenversicherung.

Unfallversicherung

„Die Firma schließt zugunsten von Herrn/Frau Neumann eine Unfallversicherung mit folgender Deckungssumme ab:
für den Todesfall DM ...,
für den Fall der Berufs- und Erwerbsunfähigkeit DM ...,
bei einer durch Unfall verursachten Arbeitsunfähigkeit ein Tagegeld von DM ...

Die Versicherung umfasst Arbeits- und private Unfälle. Die Versicherung erlischt mit dem Tage des Ausscheidens von Herrn/Frau Neumann aus der Firma. Er/sie kann die Versicherung dann auf eigene Kosten fortsetzen."

Der Abschluss einer Unfallversicherung ist besonders für unfallgefährdete Mitarbeiter sinnvoll. Auch für leitende Mitarbeiter wird häufig eine Unfallversicherung abgeschlossen.

Gehaltszahlung bei Krankheit

„Im Falle der Arbeitsunfähigkeit durch Krankheit wird das Gehalt für sechs Wochen weitergezahlt. Dauert die Erkrankung länger, zahlt das Unternehmen dem Mitarbeiter den Differenzbetrag zwischen dem Krankengeld der zuständigen gesetzlichen Krankenversicherung und den bisherigen Nettobezügen für weitere sechs Wochen."

Mögliche Ausgleichszahlungen

Über die gesetzliche Gehaltsfortzahlung von sechs Wochen bei einer Erkrankung kann im Arbeitsvertrag ein längerer Zahlungszeitraum vereinbart werden, um Einkommenseinbußen ab der siebten Woche auszugleichen.

Schlussbestimmungen

„Änderungen und Ergänzungen dieses Vertrages bedürfen der Schriftform. Die Unwirksamkeit einer Vertragsbestimmung lässt die Wirksamkeit der übrigen Bestimmungen unberührt."

Schlussbestimmungen regeln die Wirksamkeit des Vertrages. Um sich vor unliebsamen Überraschungen zu schützen, sollten alle Bestimmungen des Vertrages nur schriftlich geändert werden können.

Den Abschluss des Vertrages bilden Ort und Datum und die Unterschriften beider Vertragsparteien.

Befristete Arbeitsverträge

Viele Unternehmen bieten neuen Mitarbeitern erst einmal einen zeitlich befristeten Arbeitsvertrag an. Damit sichert sich der Arbeitgeber gegen mögliche Kündigungsprobleme mit ungeeigneten Kandidaten ab. Solche Verträge sind möglich nach dem Beschäftigungsförderungsgesetz und wenn bestimmte sachliche Gründe vorliegen. Dazu zählen Probezeiten, Vertretungen, Aushilfen oder die Durchführung zeitlich begrenzter Projekte. Nach Ablauf der vereinbarten Vertragsdauer endet das Arbeitsverhältnis automatisch, ohne dass es einer Kündigung bedarf.

Zulässige Befristung

Oft wird Hochschulabsolventen ein befristeter Arbeitsvertrag im Rahmen eines Traineeprogramms oder für die Probezeit angeboten. Nach Ablauf der Einarbeitungszeit muss ein neuer Vertrag geschlossen werden. In den befristeten Arbeitsvertrag gehört neben dem Anfangsdatum das genaue Datum der Beendigung des Arbeitsverhältnisses.

Manchmal schließen Firmen mehrmals hintereinander mit einem Mitarbeiter befristete Arbeitsverträge ab. Solche sogenannten Kettenverträge, die den Zweck haben, den Kündigungsschutz zu umgehen, sind unzulässig. Der Mitarbeiter hat unter bestimmten Voraussetzungen dann Anspruch auf einen unbefristeten Arbeitsvertrag.

„Kettenverträge"

Wenn Sie wählen können ...

Unter den gegenwärtigen Arbeitsmarktbedingungen kommt es wahrscheinlich nicht allzu häufig vor, aber manchmal ist ein Bewerber in der glücklichen Lage, zwischen zwei oder drei Angeboten auswählen zu können. Überlegen Sie sich dann genau, welche Stelle Ihren Vorstellungen am nächsten kommt, damit Sie die Entscheidung später nicht bereuen. Stellen Sie dafür Ihre persönlichen Entscheidungskriterien auf.

Entscheidungskriterien

Das können sein:

- Unternehmensimage
- Interesse an der Aufgabe
- Karrierechancen
- Nutzung bisheriger Kenntnisse und Erfahrungen
- Einarbeitung
- Aus- und Weiterbildung
- Vergütung
- Betriebliche Sozialleistungen
- Arbeitsort
- Betriebsklima
- Arbeitsplatzsicherheit
- Eigener Verantwortungsbereich
- Entfaltungsmöglichkeiten

Für die Rücksendung des unterschriebenen Arbeitsvertrages lässt man Ihnen meistens eine Woche Zeit. Steht das Angebot eines anderen interessanten Unternehmens noch aus, sollten Sie sich mit Ihren dortigen Gesprächspartnern in Verbindung setzen um Klarheit zu erhalten, damit Sie sich entscheiden können.

Sie sollten niemals leichtfertig einen vorliegenden Arbeitsvertrag unterschreiben und dabei bereits eine Kündigung einkalkulieren für den Fall, dass Sie später ein lukrativeres Angebot erhalten. Begehen Sie damit einen Vertragsbruch, kann der geschädigte Arbeitgeber sogar Schadensersatz von Ihnen fordern.

Was für den Erfolg im Beruf wichtig ist

Haben Sie den erwünschten Arbeitsplatz bekommen, steht Ihnen der Weg in eine erfolgreiche Berufslaufbahn offen. Die Erfahrung zeigt, dass der Erfolg im Beruf weniger vom Glück oder Zufall abhängt, sondern vor allem auf fundiertem Fachwissen und zielgerichtetem Verhalten basiert. Nach verschiedenen Befragungen von Managern sind besonders die folgenden Verhaltensweisen und Persönlichkeitsmerkmale für einen erfolgreichen Berufsweg und Aufstieg wichtig.

Tipps zum richtigen Verhalten im Beruf

- Erweitern Sie Ihr Wissen auf unterschiedlichen Fachgebieten.
- Überzeugen Sie andere durch Leistungen.
- Behalten Sie Ihre langfristigen Ziele im Auge.
- Seien Sie räumlich und fachlich flexibel.
- Verzetteln Sie sich weder durch Intrigen noch durch zu viele Ziele.
- Verhalten Sie sich glaubwürdig.
- Berücksichtigen Sie die Interessen Ihres Teams.
- Zeigen Sie weder besserwisserisches noch arrogantes Verhalten.
- Zeigen Sie Zähigkeit und Ausdauer, wenn Sie ein Ziel verfolgen.

Persönlichkeitsmerkmale, die Aufsteiger auszeichnen

- Soziale Kompetenz (Menschenkenntnis, Team- und Kommunikationsfähigkeit)
- Integrität, Glaubwürdigkeit
- Entscheidungsfreude, Durchsetzungsvermögen
- Fachkompetenz
- Fachübergreifende Kenntnisse
- Belastbarkeit
- Einsatzbereitschaft.

Register